学習優位の経営

日本企業はなぜ内部から変われるのか

名和高司 Takashi Nawa

ダイヤモンド社

はじめに

日本企業は「失われた一〇年」から抜け出したのもつかの間、世界規模での景気後退に飲み込まれてしまいました。日本や欧米の成熟市場がマイナス成長に突入する中、日本企業が得意としてきた高付加価値路線だけでは新たな需要は喚起できません。一方、今後急成長が期待される新興市場のボリューム・ゾーンを攻めようとしても、日本企業のコスト構造では太刀打ちできないのが現状です。

まさに「出口なし」の状態です。

このような緊急事態の中での応急処置的な対応は、徹底した無駄遣いの削減と投資の切り詰めということになります。各社とも当面をなんとか切り抜けようと、そのような守り固めのための施策に注力しているようです。我々のコンサルティングの現場でも、オペレーション改善やリストラ案件が目白押しです。

しかし、コスト削減一本槍では、「縮み」指向から抜け出せません。世界規模で需要が縮退し、従来型の事業モデルでは限界が見えている今こそ、供給コストを抜本的に下げつつも、一方で新しい需要を喚起していかなければならないのです。次世代の成長に向けて、そろそろ真剣に舵を切りなおす時ではないでしょうか。

需要を喚起するためには、今こそ**顧客が本質的に求めている利用体験を実現する（スマート化）ために、既存の技術や資産を最適に組み合わせる（リーン化）**ことがカギとなります。本書では、そのようなスマートとリーンを両立させるモデルを「スマート・リーン経営」と呼びます。

たとえば、「お茶の間の復権」を目指した任天堂のＷｉｉの成功は、スマート・リーン経営の好例です。また、デフレ時代の申し子ともいえるユニクロも同様です。そもそも世界最強といわれた頃の日本企業は、「いいもの（スマート）を安く（リーン）」が共通の勝ちパターンではなかったでしょうか。

ここまで議論すると、クライアント企業からは、集中砲火を浴びることもあります。いわく「そんないいとこどりの戦略なんて実現するはずがない。スマートもリーンも、どちらも実現できないで困っているのに」と。

確かにそのように言われてもしょうがないでしょう。そもそも、オペレーション改善やリストラに比べると、スマートとリーンの両立は、やらなければいけないことの複雑性が極めて高く、実際のインパクトに結びつく可能性は低いのです。三カ月かけて立派な戦略をつくろうと、一年かけて実際にパイロット・プロジェクトを手がけようと、三年かけて体質改善プロジェクトを全社展開しようと、外部のコンサルタントが知恵を絞るだけでは限界があります。経営者と社員自身がじっくり考え抜き、実際の現場で試行錯誤しながら自社ならではの答えを自らつかみ取り、そのような思考・行動プロセスを体質化していくしかないからです。

したがって、スマート・リーン経営を目指すには、不退転の決意をもって企業も（コンサルティング会社も）ベストチームを組んで取り組んでいくことになります。それでも、今までの勝ちパターンにこだわりすぎたり、逆に、環境変化に適応しようとしすぎて自社の強みを見失ったりするケースが多く、納得のいく答えにたどり着くまでには試行錯誤の連続となります。ただ、このようなコンサルティングの現場での経験と国内外の事例からの学びを通じて、成功のための必要条件が一つだけはっきりみえてきました。

それは、**自社の本質的な強み（DNA）を覚醒させ、磨き続ける**ということです。あまりにも自己中心的にみえるかもしれませんが、すべての答えは、そこに凝縮されていると言っても過言ではないでしょう。なぜなら、ポーカーゲームのようにすべての札を取り替えることができない以上、自分の今の机上の駒と持ち駒が現実のゲームの出発点だからです。

マーケティングの教科書は、「顧客から出発せよ」と説きます。しかし、筆者の経験では、いくら客観的な顧客調査をしても、その企業にとって関係のないことしか出てきません。その企業にとって意味のある問いかけは、「自社の顧客は本質的に自社に何を期待しているのか」と「自社が取り込めていない顧客は、どうすれば自社の顧客になってくれるのか」の二つだけです。つまり「自社から出発せよ」ということです。

また、戦略論の教科書は、「他社と差別化できる立ち位置（ポジショニング）を築け」と説きます。しかしそれは、市場のシェアを奪い合う熾烈なゲームを展開しているときの話です。これからは、新たな需要を立ち上げ、供給の仕組みを構築しなくてはなりません。つまり、市場自体を大きくするゲームにおいては、市場のパイを取り合うのではなく、自社の強みを起点に、いかに他社を巻き込んで市場を大きく立ち上げられるかが勝負となります。

すべての企業は、自社独自のDNAを本業の中で長く培い、体質化しています。しかし、そのDNAを拡大再生産するだけでは、本業そのものがいずれ成熟化してしまいます。その成長の限界を突破して本業を進化させるためには、DNAにも本質的な変容が迫られます。一方で、成功体験を持った強いDNAほど免疫力が高く、変化を拒絶しようとするのも確かで、「イノベーションのジレンマ」と呼ばれる現象です。

逆説的ですが、この「イノベーションのジレンマ」にこそ、成長の最大のヒントが隠れています。成熟化してしまったはずの本業において、事業モデルを抜本的に組み替えることができれば、次の成長曲線を描くことが可能になることを示唆しているからです。新たな成長を求めて新規事業開発に乗り出すより、本業でスマート・リーン型の変革を自ら仕掛けることができれば、確実に大きな成長が期待できます。言い換えれば、**本業こそ次世代成長の宝庫**、なのです。

ただし、その可能性を実現するためには、自らの成功体験を捨て、本業における革新を追い求め続けなければなりません。もちろん、すべてを否定してしまっては、何の勝ち目もありません。次世代の成長に向けて、自社のＤＮＡのどの部分を残し、どの部分を捨てるかが課題になります。さらに言うなら、変革する要素が自社のＤＮＡの中にあるかどうかが問われます。その場合にも、まずは自社のＤＮＡを十分知り尽くすことが出発点となります。

本業の中で培われたＤＮＡは、隣接する別の事業でも、その強みを十分発揮するものです。たとえば、求人情報誌で「情報の送り手と受け手の間の情報ギャップを埋める」というＤＮＡを培養したリクルートは、このＤＮＡをベースに、住宅、クルマ、結婚などといった他の情報誌、そして町の情報や社会情報をテーマにしたフリーペーパーへと、次々に新しい情報市場を創造していきました。

企業が、新規事業を起こす場合に、本業からの「飛び地」では、成功する確率はベンチャー企業よりはるかに低いものです。本業のＤＮＡの免疫力がブレーキとなり、スピードもスケールも稼げないからです。成功の確率を上げるためには、本業と共通性の高い領域に新規事業を仕掛ける必要があります。これを本書では「**拡業**」と呼んでいます。その場合にも、まずは自社の本業におけるＤＮＡを掘り下げ、覚醒させることが第一歩となります。

欧米の経営論によれば、収益に貢献しない資産は早めに売り飛ばして、そのキャッシュで将来性の高い資産を他社から買収することが定石です。しかしいくら大胆な資産の入れ替えを迫っても、そのような決断力と実行力を持った経営者は、残念ながら日本にはまれです。これでは日本の企業にそのまま導入しようにも、まさに絵に描いた餅になります。ないものねだりをしてもしょうがない。だとすると、欧米流の経営論を振りかざすのではなく、日本に通用するやり方で限界を突破していくしかない。そのためには、自社の本質的な強みを増幅し、ずらしていくことが、回り道のようで実は近道であり、かつ、筆者の知るところ、成功に至る唯一の道です。

外資系コンサルタントとして二〇年近く仕事をする中で、日本企業に欧米流の「あるべき」経営論を説き、ベストプラクティスをご紹介する場面が数え切れないほどありました。しかしそのたびに、それだけでは日本企業が強くならないことも痛感させられてきました。

そこで筆者は、欧米流の教科書的な方法論を参考にしながらも、日本企業の体質に合ったやり方を、クライアントといっしょになってじっくり生み出していくことを選びました。筆者がお手伝いさせていただいた企業の多くは、まさに自社のＤＮＡを基軸に、試行錯誤をしながらも、自社ならではの「スマート・リーン」経営に磨きをかけておられます。

「グローバル・スタンダード」という奇妙な経営用語が使われ出してから、日本企業が自信をなくしてしまったように思えてなりません。**「日本発グローバル」**――そろそろ、日本企業として元気の出る経営に切り替えようではありませんか。そのような志を持たれた企業の方々にとって、本書が少しでもお役に立てれば幸いです。

二〇一〇年新春

名和　高司

『学習優位の経営』――目次

第2章 資産構造を組み替える

第5章
組織のメビウス運動

第8章 日本企業復活に向けて

序章

今、なぜ成長か

「ジャパン・アズ・ナンバーワン」と畏敬され、日本企業の圧倒的な強さに「ジャパン・バッシング（日本叩き）」までとび出してから四半世紀。韓国、台湾、さらには、中国、インドなどのアジアの新興プレーヤーが急成長する中で、今や「ジャパン・パッシング（日本とばし）」が現実のものになっています。

はたして日本企業は、いったいどこでつまずいたのでしょうか。

◉――「二兎追い」戦略の限界？

強かった頃の日本企業の勝ちパターンは、「いいものを安く」でした。その代表ともいうべきトヨタ生産方式の真髄は、徹底的に無駄を省く（リーン化）と同時に、高品質を実現する

（スマート化）ことです。当時、欧米企業の多くが高付加価値化路線に走り、アジアの新興勢力が低コストを武器にしていたのに対して、価値とコストの両立を実現した日本型モデルは、企業戦略に革命をもたらしたと言っても過言ではないでしょう。筆者がアメリカや韓国に駐在していた一九八〇年初頭から九〇年代初めの一〇年間は、このような日本企業の勝ちパターンが解明され、世界中で模倣された時代でした。

しかし九〇年代以降は、コストと価値それぞれの軸で、日本企業を凌駕するモデルが次々と登場し、世界市場を席巻するようになります。

コスト面では、事業モデルの革新が新しい勝ちパターンとなりました。その典型例が、デルやギャップに代表される「中抜き」モデルです。ウォルマートやフェデラル・エクスプレスも、需要直結型のサプライチェーンを整備することによって圧倒的なコスト競争力を確立しました。また、技術競争にしのぎを削るハイテク業界でも、マイクロソフト、インテル、シスコシステムズなどが、デファクト・スタンダードの座をいち早くつかみ、規模の経済によるコスト競争力を獲得しました。

その一方で、台湾のＴＳＭＣ（Taiwan Semiconductor Manufacturing Company; 台湾積体路製造股份有限公司）や鴻海精密工業（ブランド名：Foxconn）に代表される受託生産事業者が、アジアでの大胆な先行投資と規模の経済による圧倒的なコスト競争力を武器に、「世界の工場」

の座につきます。日本企業が既存のバリューチェーンの改善に専念している間に、まったく異なるコスト構造を持った事業モデルが、競争のルールを根底から覆してしまったのでした。

一方、価値軸においては、顧客の体験価値をいかに高めるかが競争の主戦場となっていきます。スターバックスやイケアなどは、単にコーヒーや家具の提供にとどまらず、新しい生活シーンや生活スタイルを提供することで、またたく間に世界を席巻しました。ハイテク業界においても、アップルがｉＰｏｄで、エンターテインメントの世界にまったく新しい体験価値をもたらしたことは記憶に新しいでしょう。韓国のサムスンやＬＧも、携帯端末やフラットＴＶに高いデザイン性を持ち込むことによって、おしゃれでクールな価値観を訴求することに成功しています。ここでも、日本企業が品質や機能など、モノやサービスそのものの価値の向上に躍起になっている間に、海外の先進プレーヤーは体験価値という顧客目線での価値訴求によって、競争の主戦場を大きくシフトしてしまったのです。

コストで太刀打ちできないとなれば、価値軸で勝負するしかない。しかし、過剰なまでの高機能化やサービス競争に明け暮れてきた日本企業の多くは、高コスト構造を抱え込んだまま、世界規模で最もボリュームが見込めるゾーンの価格帯から大きくずり上がってしまっています。ＨＤＴＶやカーナビなどのハイテク系の製品やサービスは、その代表例です。

また日本企業は、国内の顧客の高い目線に合わせすぎるという問題もあります。俗に、日本の消費者は世界一要求の高い消費者、といわれます。目の肥えた消費者を相手にするには、きめの細かい商品スペックが要求されます。こうして生まれた商品をそのまま海外に持っていっても、世界の標準的な消費者にとっては、過剰なサービスとなってしまうのです。たとえば、新しいモバイル体験価値を訴求して日本では大成功したiモード型のケータイサービスが、その過剰な機能と高コスト構造のために日本の外には広がらず、「ガラパゴス」現象と揶揄される事態を招いています。

このように、コストと価値の両立を目指して成功してきた日本企業は、それぞれの軸でこれまでとは次元の違う戦いを強いられて苦しんでいます。事業モデルの革新であれ、体験価値の創造であれ、これまでの勝ちパターンを引きずったままでは、どちらも世界に通用するレベルに届きそうもありません。ましてやその両立を目指そうとすると、身動きすらとれません。

戦略論の第一人者、ハーバード・ビジネススクールのマイケル・ポーターは、コストと価値の両立を狙う戦略は、「中途半端な立ち位置（stuck-in-the-middle）」と言い切っています。二兎を追おうとした日本企業は、ポーターの主張どおり、まさに立ち往生してしまった感があるのです。

非デジタル思考による限界突破

しかし一方で、コスト軸か価値軸のどちらかで、欧米の先進企業やアジアの新興勢力と同質の競争に挑んでも、もはや周回遅れの日本企業にはなかなか勝ち目がなさそうです。そもそも、コスト競争に走るとコモディティ化を加速させ、業界全体が疲弊してしまいます。また、価値軸のみを追求するといずれ廉価な模倣バージョンが登場し、悪貨が良貨を駆逐するように、ニッチなハイエンド市場に追いやられてしまいます。コストか価値かというデジタルな選択では、持続的な優位性を築くことは困難なのです。

市場が成熟するにつれ、コスト競争も価値競争も同質化していきます。このような閉塞感を突破するために、かつて日本企業が仕掛けたように、もう一度、コストと価値を両立させる方向へ競争の次元をシフトする手はないでしょうか。

流通の「中抜き」のようなリーンな事業モデルに移行すれば、当然固定費は軽くなります。しかし、それが競争の一般的なルールになってしまえば、コスト構造は同質化し差別化とはなりません。パソコン販売に価格破壊をもたらしたデルも、すぐに他社の追随を許してしまいました。持続的な優位性を築くためには、外部化した資産に磨きをかけ、それらを有機的に束ねなおして、他社とは異なる訴求価値を追求していくことこそ、本当の勝負どころとなるのです。

一方、新しい体験価値の訴求にこだわると、高コスト体質になりがちです。一世を風靡したスターバックスも、デフレ時代の中で成長の踊り場を迎えています。「値頃感」も体験価値を構成する重要な要素である以上、価値競争を追求するうえでも、バリューチェーン全体でいかにコストを下げられるかが知恵の絞りどころとなります。

たとえば、アパレル業界で一人勝ちの感のあるユニクロ（ファーストリテイリング）。デフレ時代の申し子のように思われがちですが、低コスト構造だけが強みではありません。「安さ」を売りにするアパレルメーカーが多数ある中で、ユニクロの優位性が持続しているのは、むしろ顧客の視点に立ったシンプルなデザインという価値であり、それを顧客の値頃感を満たす価格で提供するという「二兎追い」戦略を実現しているからです。これがユニクロの本質的な強みでしょう。

なぜユニクロが強いのか

ＳＰＡと呼ばれる自社ブランドを持つ専門小売店型の業態は、アパレル業界にすっかり定着してきました。製造から小売までサプライチェーンを一貫してコントロールすることによって、中間取引コストなどの無駄を徹底的に排除する事業モデルです。その元祖ともいうべきギャップは、今やアパレル業界のリーダーの座に君臨しています。

ギャップに代表される第一世代がコスト競争に主眼をおいたのに対して、ZARAやH&Mなどの第二世代の企業は、高いファッション性を持ち込むことによって、「ファストファッション」という新しい価値観を確立しました。単純なコスト競争から価値競争へとゲームのルールをシフトさせ、新しい市場の創造に成功したのです。

第三世代の企業が、流行のファッション性をいち早く反映することに照準を当てているのに対して、ユニクロは、あくまでベーシックかつ品質の高いカジュアル性に基軸をおいています。その結果、「身の丈に合った良品を身の丈に合った価格で買いたい」という幅広い消費者の根源的な需要を掘り起こすことに成功しました。かつてはユニクロを着ていることがばれること（「ユニばれ」）を嫌っていた消費者も、今ではユニクロが体現する「賢い生活スタイル」を、新しい価値観として好んで自己表現するようにすらなっています。コストと価値の両立にこだわることで、これまで看過されてきた大きな市場を掘り当てたのです。

ファーストリテイリング（ユニクロ）の柳井正CEOは、著書で次のように語っています。

「商品そのものがいいということ、その商品の持つ情報が自分にとって有益だと思えること、そこに、広告などで伝わる商品のイメージが加わる。そして、そこにいたる大前提として、まずユニクロという企業の『生き方』を理解してもらい、ユニクロだから買いに行こうと思ってもらう。我々のように、いろんな意味の情報を商品と同時に伝えるSPAを、第三世代SPAと名付けた(1)」

ユニクロは、モノづくりにも、コストと価値の好循環を持ち込むことに成功しました。ユニクロは中国の製造業者を欧米企業のように下請け扱いはせず、あくまで事業のパートナーとして位置づけます。そして七〇社に絞り込んだパートナーの工場に、「匠」と呼ばれる生産技術者を送り込み、パートナーと一体となって品質向上とコスト削減に取り組みました。たとえば、大ヒットした「ヒートテック」の場合、三年もかけて特殊な糸の染め方や織り方の研究を現場で積み重ねたといいます。

このようなユニクロの勝ちパターンは、初めからできあがっていたわけではありません。柳井CEO自身が『一勝九敗(2)』という自著で語っているように、むしろ失敗を重ねる中から、磨かれてきたものです。

たとえば「フリース」大ヒットの後、デザイナーの思い込みでつくった商品が顧客に受け入れられないという状況が続きました。そこで柳井CEOは、デザイナーに頻繁に自社の店舗に足を運ばせ、顧客の行動を観察するように徹底させたのです。そのような地道な努力の中から、「スキニー（美脚）ジーンズ」をはじめとするヒット商品群が生まれました。また、柳井CEOのもとには毎日全店に寄せられたクレームが上がってきます。それを本社と店頭が一体となって正面からつぶす作業を繰り返し、品質カイゼンと商品開発に反映しています。

「やっていることは、どの会社もほとんど一緒。でも、我々はそれを本当に真剣に徹底してやっている」[3]と柳井CEOは語っています。事業モデル革新とか顧客指向のマーケティングなど仰々しい経営手法を振りかざすのではなく、強靭な足腰と現場の知恵を武器に進化を続けていく――その実践重視の経営スタイルには、かつて強かった頃の日本企業のDNAが、力強く脈打っています。

トヨタは蘇るか

では、かつての日本企業の強さを代表していたトヨタ自動車（以下、トヨタ）は、どうして失速してしまったのでしょうか。ここ数年、世界制覇に向けて成長のアクセルを踏み込んでい

1　柳井正著『成功は一日で捨て去れ』（新潮社、二〇〇九年）
2　柳井正著『一勝九敗』（新潮社、二〇〇三年）
3　「日経ビジネス」（二〇〇九年六月一日）

く中で、価値とコストの良循環という成功の方程式から逸脱していったことが、問題の本質だったのではないでしょうか。

ＩＴ技術の急速な進展に伴い、いかに高度な機能をクルマに実装していくかが、トヨタが追い求める価値の主軸となってきました。その結果、カローラのようなボリューム・ゾーンのクルマにも多様な機能が盛り込まれ、コスト構造をどんどん押し上げていったのです。トヨタの豊田章男新社長自身、「最近のトヨタは、消費者の値頃感に合った商品づくりを怠ってきた」と自戒されています。商品開発にあたって、高付加価値化を優先し、コストをその従属関数として捉えてしまったところに、トヨタのつまずきがあったのです。

お家芸であったはずのＴＰＳ（トヨタ生産方式）ですら、磐石ではありません。実需見合いで生産することこそ、ＴＰＳの本質だったはずなのですが、右肩上がりの成長を前提に設備能力を増強してしまったため、需要が急激に落ち込んだとたんに過剰な固定費が重くのしかかる構造になってしまいました。また、世界中に事業が広がったことから、あちこちで生産管理や品質管理に問題が発生したことなど、トヨタ一流の筋肉質な事業モデルのほころびを示しています。

豊田章男新社長のもと、トヨタは今回の危機を乗り切るために「原点回帰」を標榜していきます。顧客価値に見合ったコストのつくり込みという、トヨタならではの勝ちパターンを取り戻すことは、再生に向けた重要な第一歩となるでしょう。

豊田章男社長は、トヨタ自身への自戒も込めて、こう語ります。

「顧客が何を欲しがっているかをとらえ、技術を安く提供できる会社が、今後百年を生き抜いていける(4)」

答えは自らが握っている

ユニクロやトヨタを引き合いに出すと、「普通の会社はすぐに真似ができるわけではない」と反論されることがしばしばです。では、普通の日本企業は、どうすればいいのでしょうか。広い市場に投網をかけるようなマーケット調査を繰り返したところで、顧客の真の潜在需要は浮かび上がってきません。そもそも顧客がその企業に期待することは、他の企業に期待することとは異なるはずです。ユニクロのように、販売やサービスなどの顧客接点に立ち返り、課題の発見、解決、実践、再観察のループを繰り返すことによって初めて、身近に眠っている市場の掘り起こしが可能になります。つまり、すべての企業にとって、自社が築き上げてきた顧

4 日本経済新聞（二〇〇九年一〇月三日）

客との接点こそが、顧客価値を深掘りするうえでの最大の資産となるはずです。

また、ほとんどの企業が、アジアに生産や販売の拠点やパートナーを持っています。これらの拠点やパートナーの知恵を基軸に、既成概念にとらわれない斬新な事業モデルを現地で実験し、そこでの成功を他の地域に横展開するという、ユニクロ型の成長のパスが描けるのではないでしょうか。ここでも自社が築き上げてきたパートナー基盤からの広がりが、コスト構造を組み替えるうえでの最大の資産となるはずです。

既存事業が縮退する中で、多くの企業が、新規事業や新たな市場に成長の望みをつないでいます。しかし、既存の優良資産を売却して新たな資産を買収するという、欧米型の事業ポートフォリオの組み替えができる日本企業はまれです。だとすると、たとえどんなに有望に見える市場だとしても、まったく新しい領域においてゼロベースで事業が成功することは、ほとんどありえません。そのような「飛び地」ではなく、かといって既存の事業の延長でもない、自社の本質的な強みを応用しうる「拡業」ともいうべき中間領域を見極めることが重要となります。まさに自社の本業の周辺にこそ、自社ならではの次世代の成長の種が眠っているのです。

そもそも、すべての企業は、これまでの競争で勝ち残ってきた過程の中で、その企業特有の強み（DNA）を醸成し、磨き上げてきているはずです。しかし、本業の中にどっぷりつかっているだけでは、この自社のDNAの本質が研ぎ澄まされてきません。自社の殻を破るような

「拡業」型の成長分野を見極め、そこで異質なゲームに挑むことによって、逆に自社の強みが純化されていく。ここでも「本業対拡業」ではなく、本業と拡業の両立を目指す非デジタルな思考が求められます。

「できれば十年間で売り上げを十倍にしたいと思っていますから、年に二〇％成長させられるものをつくらないといけない」と、ユニクロの柳井CEOは語ります。「そのためには、成熟して停滞している日本市場だけじゃなく海外にも出るし、ユニクロだけじゃなく自分たちの強みを生かせる別の業界にも出る。これまでも海外に進出したり、関連業界に出て行ったりしましたけど、そういうのを通じて、自分たちがどういう会社でどういう強みを持っているのか、よくわかったというわけです[5]」

言うまでもなく、すべての企業が自社の「本業」を持っています。その本業の周りには、かならず「拡業」の可能性が潜んでいます。自社の本質的な強み（DNA）を見据え、自社の顧客やパートナーなどの外部資産も最大限に生かしながら、拡業による成長を加速させる。その過程で自社のDNAをより研ぎ澄まし、本業そのものもさらに強化し、深化させていく。このように、自社のDNAを基軸とした本業と拡業の良循環をつくることによって、いかなる企業

5「週刊東洋経済」（二〇〇八年一〇月一一日）

も、ユニクロばりの地に足がついた持続的な成長を実現できるのです。

足腰を鍛え、跳躍せよ

多くの日本企業が、高度成長時代からバブル期にかけて、高付加価値路線のもとで高コスト体質になってしまいました。価値とコストのバランスを取り戻すためには、足腰の筋肉を鍛えなおす一方で、より研ぎ澄まされた価値を目指して、力強くジャンプする必要があります。

景気後退局面に突入し、ほとんどの日本企業が、徹底した無駄遣いの削減と投資の切り詰めに余念がありません。ただし、多少当面の止血効果があるにせよ、それだけでは成長に向けた本質的な解にはつながらないのが実情です。

欧米の先進企業では、まず、本業において固定費を削ぎ落として筋肉質になったうえで、成長分野への投資を加速する「Shrink-to-Grow」というV字回復のシナリオが、企業変革の定石です。しかし、この手法は固定費のリストラが困難な日本企業の風土には合わず、飛躍的な成長も期待できません。

日本企業にとっては、経営資源を本業における白地市場（たとえば、新興国市場）や本業周辺の拡業に大胆にシフトすることによって、筋肉質化と成長を並行して推進する「Shrink &

Grow」型のシナリオこそが、企業変革の定石となるでしょう。ここでも「守りか攻めか」という非デジタル思考ではなく、「守りも攻めも」というデジタル思考が求められているのです。

ユニクロは、フリースブーム終焉後の減収減益の危機を、一時「守り」を固めて乗り切ろうとしました。しかし、縮み指向の打ち手を性急に繰り出すことによって、逆に傷口を深めていったのです。そこで、いったんは退陣していた柳井氏が社長の座に返り咲き、「攻めと守り」を矢継ぎ早に仕掛けていきました。本業においては、「スクラップ&ビルド」を加速することによって店舗の体質強化を進めた一方で、本業の海外展開、国内の関連事業の拡大、グローバル・ブランドの買収など、「拡業」に経営資源を大きくシフトすることによって、成長を一気に加速していきました。

ユニクロの「攻め」は、初めから成功したわけではありません。後述するように、海外事業も国内外のM&Aも、試行錯誤の連続でした。失敗の最たる例は、「エフアール・フーズ」です。新鮮で安全な野菜や果物の直販を目論んだものの、流通経路や規制の問題に阻まれて、一年半で撤退。二十数億円の経費を費やしました。柳井CEOは後にこう述懐しています。

「農業では、我々が今まで培ってきたユニクロのノウハウや人材が活きない。我々の強みは、繊維製品を自分たちで作って自分たちの手で売っているということである。**その強みが活きる世界でないとユニクロ式の即適用というわけにはいかない**ようだ。革新的過ぎて失敗した、と

いうことなのだろう」[6]（太字、筆者）

このケースから、ユニクロは、まったくの飛び地での成功の確率は極めて低いことを実感し、その後は、本業周りの成長機会に集中するようになりました。「一勝九敗」を地でいく、ユニクロならではの学習プロセスです。

このように、Shrink & Grow 型の変革を行うためには、経営トップの強いリーダーシップが不可欠です。これまで収益の柱となってきた本業から、投資先行型の拡業へ経営資源をシフトする意思決定は、それぞれの事業責任を担う現場の利益代表ではなく、全体のポートフォリオを中長期的な時間軸で俯瞰できる経営トップにしかできません。なぜなら、本業では確実に収益を上げる構造を維持しつつ、拡業では失敗を許容しながら、新しい収益方程式を手探りで磨き上げていくという、極めて広角な経営手腕が求められるからです。

しかし、経営トップがそのような意思と度量を持ってしっかりリードすれば、現場が本来の活力を取り戻し、試行錯誤の中から次の成長基盤をしっかり築いていってくれるはずです。世界経済全体が踊り場を迎えた今こそ、日本企業の復権に向けて、経営トップ自身が、自社ならではの成長の可能性と現場の底力を信じて、大きく舵を切りなおす時期にきています。

本書の構成

本書では、次世代成長に向けた日本発グローバルな経営モデルを提唱します。最初に、その前提として、価値（スマート）とコスト（リーン）の両立を目指す「スマート・リーン」型事業モデルの重要性を再確認します。そのうえで、持続的な成長を駆動していくための組織モデルとして、自社のＤＮＡを基軸として、学習と脱学習の良循環をもたらす「メビウス」モデルを提唱します。ここが、本書の中核です。そして最後に、日本企業にとっての解の方向性を、試論として提示します。

二〇年近い経営コンサルティングの経験で、多くの失敗と成功を目の当たりにしてきました。日本企業が大きな岐路に立った今、仮説・実践・検証を繰り返すことによって学習優位を築く日本型の「メビウス・モデル」こそ、日本企業復権に向けた有力な答えになりうるものと、筆者は確信しています。

構造的なデフレの中でも、さらにはこのトンネルから抜け出た後も、一社でも多くの企業

6 柳井正著『成功は一日で捨て去れ』（新潮社、二〇〇九年）

が、次世代の成長に大きく踏み出していくうえで、本書が少しでもお役に立つことを願う次第です。

第1章

スマート・リーンが拓く次世代成長

ポーターモデルの限界

企業戦略の一般論としては、ハーバード大学のマイケル・ポーター教授の競争戦略論が古典的となっています。[1] 筆者が同ビジネススクールに通った一九八〇年代後半、ポーター理論は絶対的な権威を持っていたと言っても過言ではありません。

ポーター理論によると、企業は、「低コスト」か「差別化」、もしくは「特定分野（ニッチ）への集中」のいずれかを基本戦略に据えることが必要だとされます。さらに、特定分野に集中

1 マイケル・E・ポーター著、土岐坤、中辻萬治、服部照夫訳『競争の戦略』（ダイヤモンド社、一九八二年）

図1　マイケル・ポーターの競争戦略

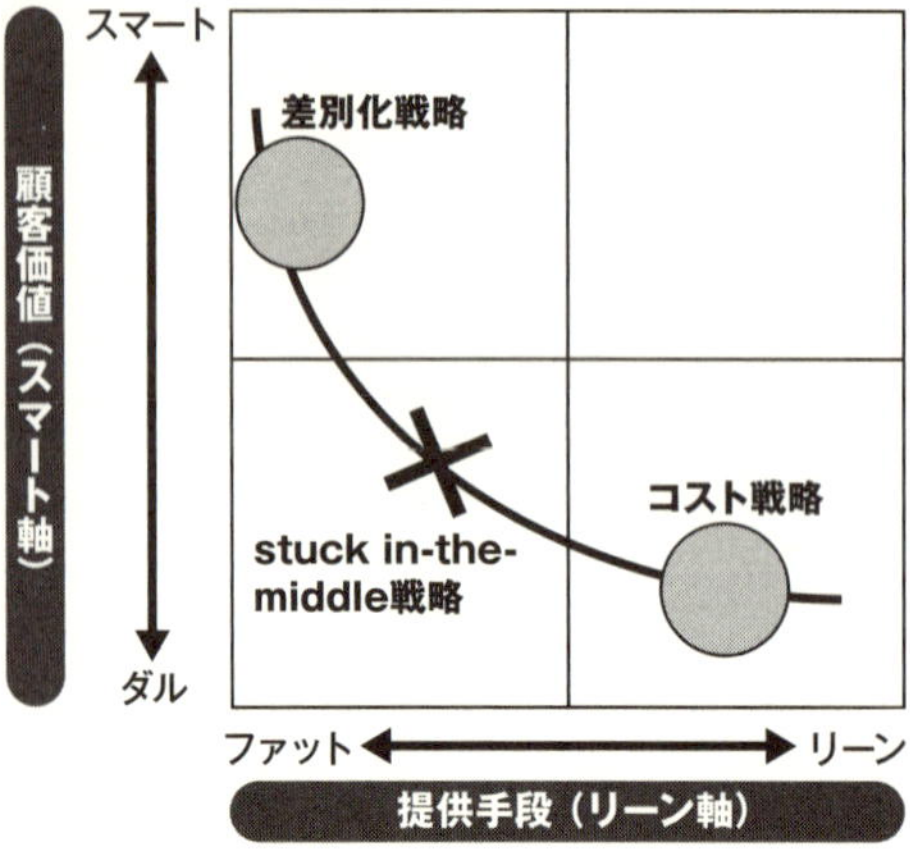

する場合にも、コストか差別化のどちらかに軸足をおくべきとされています。

図1は、この戦略論を簡単に図示したものです。縦軸に顧客が感じる価値、横軸に顧客の獲得コストをとると、価値とコストの関係は、両者の積が一定となる双曲線を描きます。この双曲線上で、価値軸に軸足をおいたものが差別化（スマート）戦略であり、コスト軸をつきつめたものが低コスト（リーン）戦略です。ポーターによれば、この両極の立ち位置は勝ちパターンとなりますが、中途半端な立ち位置では、価値もコストも優位性が得られず、等価双曲線上から落ちこぼれるというのです。

家電小売店を例にとれば、基本戦略にコストを据えている代表的な企業がヤマダ電機です。同社は、家電メーカーから安値で仕入れて低価格で販売し、価格に敏感な消費者を取り込んでいます。

その対極ともいうべきモデルが、アップルの直営店「アップルストア」です。消費者が自社製品に触れて、その魅力を体感させることを目論んでいます。価値は価格の安さではなく、他社にはない体験価値を提供して差別化するやり方です。

しかし、いったんこのような勝ちパターンが確立すると、他社も追随を試みます。たとえば家電量販業界は、合従連衡によって強大な購買力をテコにしてヤマダ電機に対抗しようとしています。ただし、抵コスト化への規模の追求は体力勝負となり、同質な安値競争の泥仕合に陥ってしまうおそれがあります。

一方、「アップルストア」のようなアンテナショップは、ソニーやパナソニックなども海外の主要市場で展開しています。しかし、自社ブランドでの店舗展開はコストが高くつき、かつ、量販店に比べると大きな売上げも期待できないというジレンマも抱えています。

このように、市場が成熟するにつれて、コスト戦略も差別化戦略も次第に優位性を失い、企業を疲弊させてしまうものです。そこで今求められているのは、市場の構造を所与のものとして捉えるポーターのモデルではなく、競争の次元そのものを常に革新していくようなダイナミックなモデルなのです。

そもそも顧客は、価値が高く、かつ、コストが安いものを本質的に求め続けているのです。

だとすると、企業側も、コストか価値かという二者択一な問いから、コストと価値を両立させるにはどうすればいいかという本質的な問いかけへと発想を転換する必要があります。その際に、ポーターが指摘したように、中途半端にならないよう差別化と低コスト化を同時に追求することによって、等価双曲線が増価するような正のスパイラルを目指さなければなりません。

イノベーションのジレンマ

価値とコストの関係をダイナミックに捉えなおしてイノベーションの構造を解明しようとしたのが、同じくハーバード・ビジネススクールのクレイトン・クリステンセン教授でした。クリステンセン理論によると、低コストの代替品が高付加価値品並みにパフォーマンスを高めることによって、イノベーションが生まれるとされます。これに対し、高付加価値な立ち位置から低コストを目指そうとしても、バリューチェーン全体が高コスト構造になってしまっているために限界があると説きます。これが「イノベーションのジレンマ」と呼ばれる現象です。(2)

確かに、イノベーションのケースの多くは、このクリステンセン・モデルで説明しやすいでしょう。たとえばコンピュータ業界では、汎用機がワークステーションやパソコンに置き換わり、しかもそのパソコンも最近では、ネットブックという三〇〇ドルを切るような低コスト・

モデルに置き換わりつつあります。同様の事例は、磁気テープからSSD（ソリッド・ステート・ドライブ）へ、交換機からルーターへ、カーナビからPND（パーソナル・ナビゲーション・デバイス）へなど、ハイテク製造業では枚挙に暇がありません。

サービス産業に目を転じても、同様の現象はよくみられます。小売業界における、百貨店からGMS（総合スーパー）、そしてSPAやカテゴリーキラーショップへの消費のシフトなどです。また、金融業界や物流業界における、専用店舗サービスから、無人店舗やコンビニ店舗へのシフトなども同様です。メディア業界においても、コンテンツを、新聞、書籍、DVDなどの物理的な媒体を介して売るモデルから、オンラインで流通するモデルへと急速に移行しています。

スマート・リーンによる限界突破

これらほとんどのケースにおいて、それぞれの世代交代を促したのは新興勢力でした。前時代の覇者は、まさにクリステンセンの言う「イノベーションのジレンマ」の金縛りの中で、ど

2 クレイトン・クリステンセン著、玉田俊平太監修、伊豆原弓訳『イノベーションのジレンマ』（翔泳社、二〇〇一年）

図2 「スマート×リーン」なイノベーションへの視点の転換

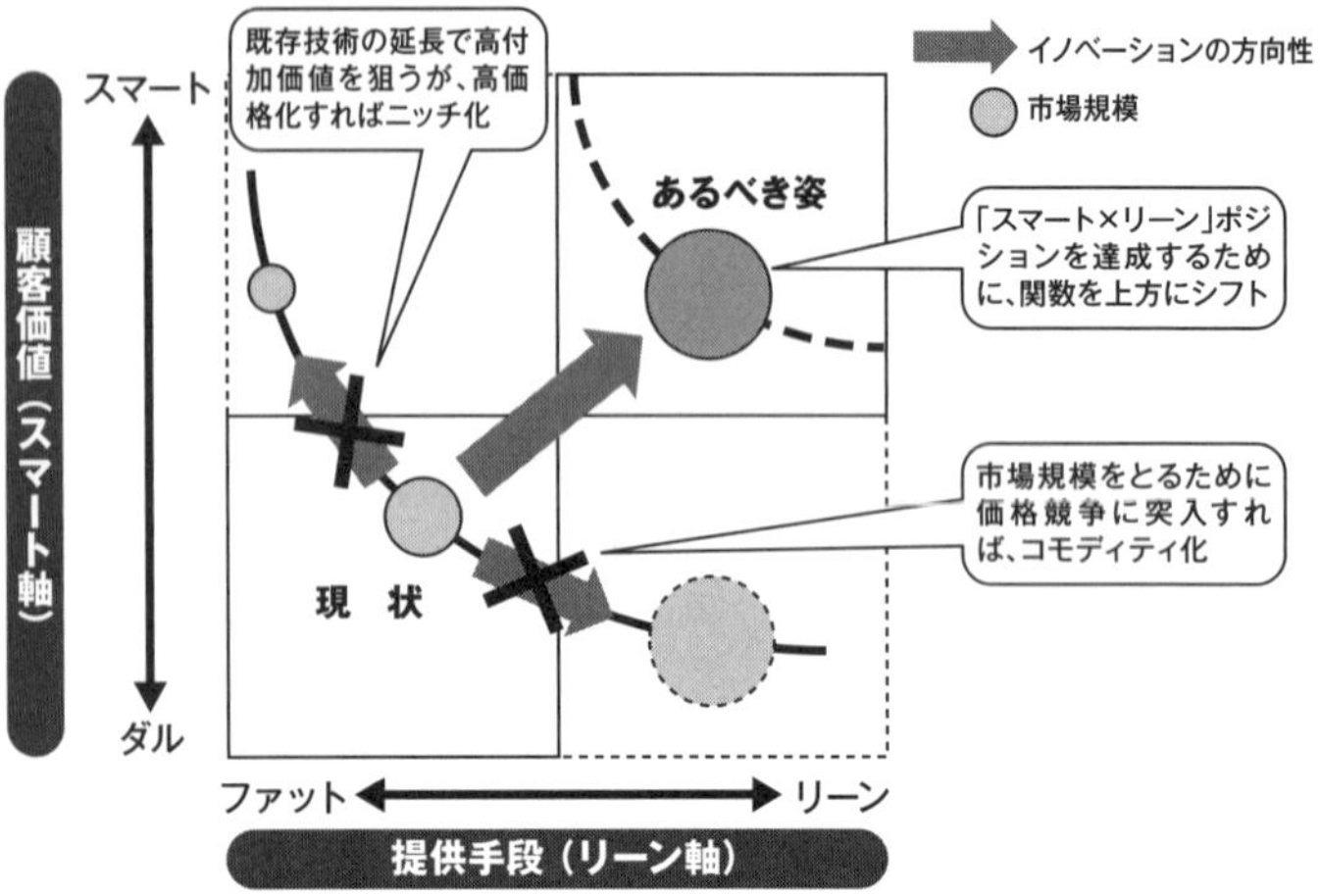

既存技術の延長で高付加価値を狙うが、高価格化すればニッチ化
イノベーションの方向性
市場規模
スマート
顧客価値（スマート軸）
ダル
あるべき姿
「スマート×リーン」ポジションを達成するために、関数を上方にシフト
市場規模をとるために価格競争に突入すれば、コモディティ化
現　状
ファット
リーン
提供手段（リーン軸）

うしても守勢を余儀なくされてきたのです。だとすると、イノベーションを起こすには、常に、コスト構造が軽いアタッカー型の新興プレーヤーでなければならないのでしょうか。

しかし実際には、既存事業で成功しながら、自ら次々にイノベーションを仕掛けていく企業が少なからずいます。たとえば、任天堂、セブン‐イレブン・ジャパン、ユニクロといった企業が代表例です。それぞれのケースの成功の本質はこの後すぐに検証しますが、これらの日本企業には重要な共通点があります。

それは、いずれの企業も、顧客が本質的に求めている価値を常に追い求め、コスト構造を徹底的に絞り込み続けるという点です。価値（スマート）軸とコスト（リーン）軸を同時に追求することから、**「スマート・リーン」**型と呼ぶべき事業モデルです（図2）。このモデルは、価値とコストの積である価値双曲線を一挙に上方に押し上げる点において、いったんコストに基軸をおき、時間をかけて価値軸を上げていくクリステンセン・モデルよりも、はるかに破壊的な効果があるのです[3]。

では、具体的な事例を通じて、スマート・リーン・モデルの実際をみてみましょう。

任天堂の成功パターン

家庭用ゲームの世界では、ソニー、マイクロソフト、任天堂の三社が、熾烈な競争を演じています。しかしながら、ハイテクの雄ともいうべきソニーやマイクロソフトの追随を振り切って、任天堂は新たな市場を開拓し続けてきました。これら三社の戦いを、スマート・リーンの軸の上で比較してみましょう（図3）。

ソニーは、飛躍的な画像処理能力を誇る半導体「セル」を搭載したプレイステーションで、高機能化路線を目指しました。しかし、内製にこだわったセルの固定費が重くのしかかり、利益を長らく圧迫する結果を招きました。これは価値軸偏重モデルの限界です。

3 第1章と第2章の戦略論の一部は、日本経済新聞（二〇〇八年一〇月二八日～一〇月三一日）「競争戦略①～④」にも掲載

図3　家庭用ゲームにおけるイノベーション

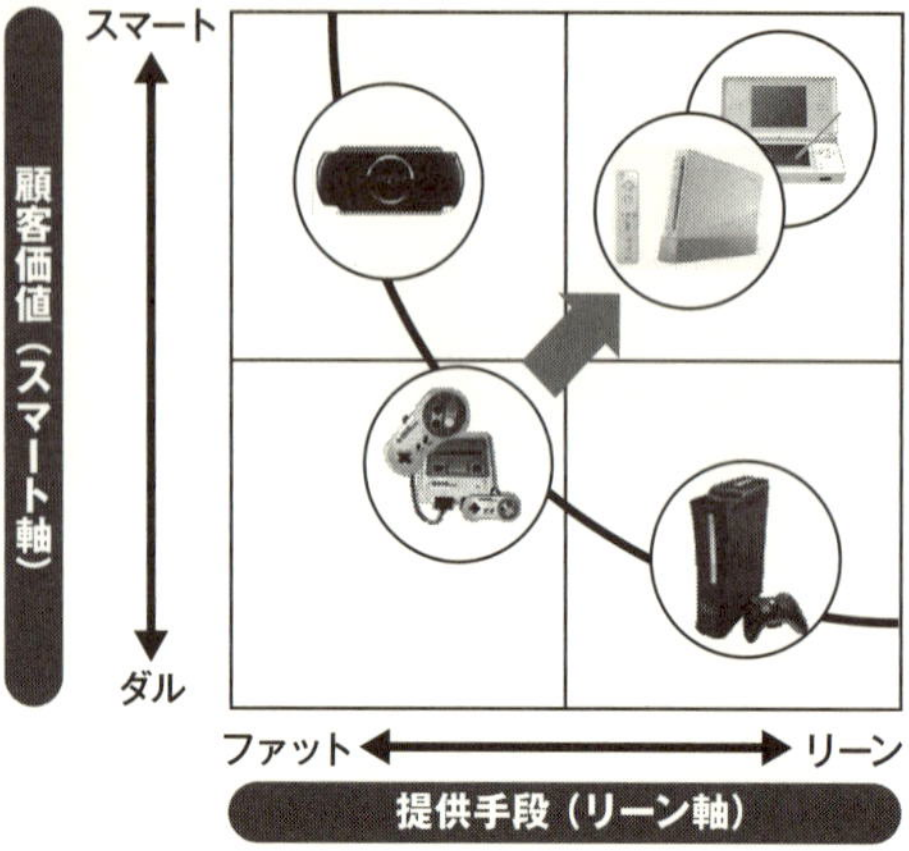

一方、マイクロソフトのXボックスは、台湾の鴻海精密工業に生産委託することによって、コスト構造を徹底的に圧縮しています。しかし、ゲーム機として顧客にとっての新しい体験価値を訴求しきれず、売上げそのものがなかなか跳ね上がってきません。こちらは、コスト軸偏重モデルの限界です。

これら二社の戦略に対して、任天堂は、DSやWiiを仕掛ける際に、明確に立ち位置をずらしています。高機能を追いかけることはせず、高い固定費を自ら抱えることもなく、コスト構造はあくまでリーンを徹底しています。一方で、幅広い顧客に対して新しいゲーム体験を提供するために、ユーザーインターフェースに工夫を凝らし、パートナー企業との協業を通じてペン入力タイプのタッチパネルや三軸加速センサーなどの最新技術を取り込んでいます。その結果、売上げ、利益のいずれも他の二社をはるかに凌駕する業績を上げています。

言うまでもなく任天堂は、もともと花札を販売する玩具メーカーです。その頃からホームエンターテインメントの老舗であり、ファミコン、スーパーファミコンと、家庭用ゲーム市場の開拓者であり続けたのです。この世界では、ソニーやマイクロソフトのほうが圧倒的に新参者となります。そんな新参者たちの揺さぶりはものともせず、任天堂は価値とコストの二兎を追うというスマート・リーン戦略を貫き通すことによって、次々に新市場を創出することに成功したのです。

またここでは、技術先行型のイノベーションが、スマート・リーン型の真のイノベーションには結びつきにくい点も見落としてはなりません。ソニーは家電ハードウェアの雄であり、マイクロソフトはＩＴソフトウェアの巨人です。しかし、ハードやソフトといった技術軸でいかに価値やコストの勝負をかけたところで、顧客の本質的な体験価値を見据え、技術面では外部の知恵と資産を柔軟に取り入れる任天堂の優位を崩すのは簡単ではなかったのです。

任天堂で「ファミリーコンピュータ」を開発した横井軍平氏は、「枯れた技術の水平思考」という哲学を唱えました。すでに十分こなれた技術を使うことによって、開発コストを抑え、顧客に受け入れられやすい手頃な価格も実現できる。〈イノベーション＝技術革新〉と狭義に捉えられがちですが、皮肉なことに、高度技術に走りがちなハイテク企業ほど、同質的な競争や「イノベーションのジレンマ」から抜け出せないのが実態です。

セブン - イレブンの業態革命

サービス業界に目を転じても、業界のリーダーがスマート・リーンの王道からぶれずに、業態進化をリードしているケースは少なくありません。コンビニにおけるセブン - イレブン、宅配におけるヤマト運輸、警備保障におけるセコムなどがすぐ思い浮かびます。ここでは、セブン - イレブンのケースをみてみましょう**（図4）**。

日用品の小売の世界では、戦後、中小小売店（ママパパショップ）に対して、総合スーパー（GMS）が品数とコスト競争力を武器に、スマート・リーンな業態として急成長しました。まだそのGMS全盛期に、イトーヨーカ堂の鈴木敏夫氏（現、セブン&アイ・ホールディングス会長）は、アメリカでフランチャイズ方式で小規模店舗を広く展開していたセブン - イレブンに注目します。「近くて便利」というママパパショップが持っていた価値が、クルマ社会のアメリカ以上に日本の顧客に受け入れられると確信したのです。

ただし、当時のアメリカのセブン - イレブン・モデルには、GMSに比べて二つの致命的な

図4　セブン-イレブンのコンビニ業態のイノベーション

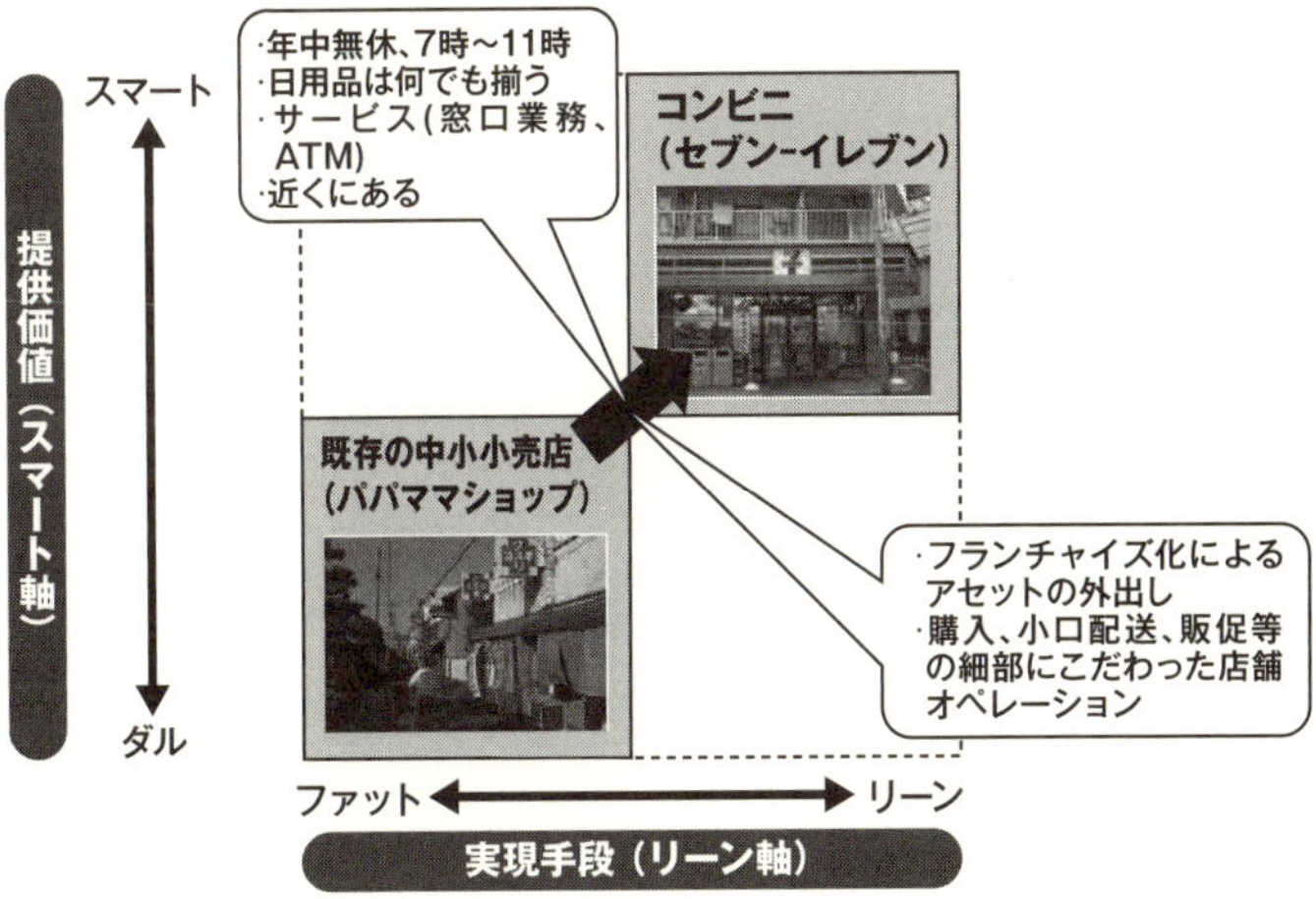

欠点がありました。一つは品揃え。顧客が求める幅広い日用品を、小さな店舗に詰め込むのは物理的に無理がありました。もう一つは物流コスト。小ロットで多品種な商品を、網の目状に広がる各店舗に、頻繁に配送しようとすると、GMSのような規模の経済は望むべくもありません。

そこで鈴木氏は、日本にセブン-イレブンを導入するにあたって、これら二つの欠点を乗り越える工夫を加えました。品揃えに関しては、「売れ筋」「死に筋」を徹底的に選り分けることによって品切れを防ぎ、顧客が求める商品が確実に揃う品揃えにしました。物流コストに関しては、小口配送や混載配送などの新しい仕組みを編み出すことによって、分散していることの不利益をできるだけ補うような仕組みをつくりました。このように価値軸・コスト軸双方に工夫を凝らすことによって、鈴木氏率いるセブン-イレブン・ジャパンは、大型店のような品揃えをパパママショップのような規模で提供するという新しいスマート・リーン業態を確立したのです。

コンビニ業界のリーダーの座を不動のものとしてからも、セブン-イレブンは進化のスピードを緩めません。店舗の利便性と低コストを活用して、決済や宅配受付のような異業種サービスにまで業容を拡大していきます。また、「いいものを安く」を徹底するために、製造・小売一体型のプライベート・ブランド展開にも余念がありません。

既存事業で成功している企業ほど、その強みと弱みを知り抜いています。イトーヨーカ堂の場合では、規模の経済という強みと利便性という弱みです。であれば、過去の成功にとらわれなければ、価値とコストの両面で、これまでの強みを磨き弱みを克服するモデルを、誰よりも深く考え抜けるはずです。事業のキモを熟知している既存事業のプレーヤーだからこそ、スマート・リーン戦略を基軸に攻め続けることによって、業態の変革と進化を駆動することができるのです。

トヨタの原点

そもそも「スマート・リーン」は、圧倒的に強かったときのトヨタの成功方程式そのものでした。

たとえば、トヨタ生産方式（TPS）は、品質（スマート）とコスト（リーン）を二律背反ではなく相乗関数と捉えなおすことによって生み出された、古典的なスマート・リーン型事業モデルです。TPSが自動車業界を超えて学ばれ、ベストプラクティスとして世界中に広まっていった事実が、スマート・リーン・モデルの本質的な強みを物語っています。

トヨタは、マーケティングにおいても、「Value for Money」を基軸として、カローラやビッツなどのボリューム・ゾーンのクルマを世に送り出してきました。また、レクサスがアメリカの高級車市場に参入する際には、商品レベルのみならず、販売やサービスまでのバリューチェーン全体を質が高く無駄のない仕組みで提供することにより、次世代の成功を目指す層の潜在需要を大きく立ち上げることに成功しました。まさに、スマート・リーン型マーケティングの典型例です。

トヨタ発のイノベーションといえば、「プリウス」を真っ先に思い浮かべる読者も多いでしょう。ハイブリッド技術の革新性が注目されがちですが、プリウスの成功の本質は、技術イノベーションにあるのではありません。他の自動車メーカーは、市場性が不透明でコスト高なハイブリッド車の開発に二の足を踏んでいたのに対して、トヨタの経営陣は、環境にやさしく燃費性能のよい自動車が次世代の価値軸になることを確信して、実車開発に邁進しました。当初は他社が懸念したとおり、低い販売台数と割高なコスト構造が収益に重くのしかかりましたが、社会全体の環境意識の高まりや政府の補助金や減税なども追い風となり、空前のヒット商品となったことでコストカーブを予想以上に早く下げることができたのです。

ここでも、既存事業で圧倒的な競争力を誇っていたトヨタが、高いコスト構造から出発して、破壊的なイノベーションを仕掛けて成功したことは、クリステンセン理論では説明できません。これもまた、市場の進化に対する正しい洞察に基づいたスマート・リーン・モデルの勝利といえるでしょう。

その「世界最強」だったはずのトヨタが、今回の景気後退局面では、大きくつまずいてしまいました。しかし、それはスマート・リーン・モデルの限界を示唆するものではありません。むしろ、世界制覇に向けて成長を加速する中でスマート・リーン・モデルから逸脱していったことが、トヨタの根本的な敗因であったことは序章でも触れたとおりです。

豊田章男新社長は、「顧客が本当に求めている価値のある商品を、顧客の値頃感に合わせて提供する」ことを起死回生の基軸としています。まさに、トヨタ本来の強みへの原点回帰です。景気後退局面を迎えた今こそ「スマート・リーン」の本質に立ち返ろうとする姿勢は、多くの日本企業にとっても参考になるでしょう。

ノキアのインド攻略

ここまで、日本企業の成功例をみてきました。しかし、海外でもスマート・リーン・モデルで成功している企業はあります。

たとえばノキアです。同社は携帯電話端末のグローバル・リーダーとして、これまでは欧米市場を中心に、高機能商品を得意としてきました。しかし、インドに本格進出するにあたって、四〇ドルを切る超低価格の端末で新しい勝負をかけてきたのです。モトローラやサムスンなどの競合が従来どおりの高機能商品を展開してハイエンド市場に高止まりし、台湾や現地のメーカーが「安かろう、悪かろう」のローエンド市場にとどまっていたのに対して、ノキアは中間的なボリューム・ゾーンを大きく立ち上げることに成功しました。

四〇ドル端末を開発するにあたって、ノキアは、インドの一般のユーザーにとって不要な機能を徹底的に削ぎ落としました。カメラ機能やインターネットブラウジング機能はもちろんのこと、カラーモニターもスピーカーもありません。一方で、現地ならではの利用環境に対応して、汚れ防止や高い耐久性を実現し、現地言語でのメール機能なども付加しています。

しかし、なんといっても圧巻は、電灯機能です。なぜ、機能を絞り込んだはずのノキアの携帯に電灯がついているか、おわかりでしょうか。ヒントは、インドでは停電が日常茶飯事だということ。そう、懐中電灯の役割も果たす携帯電話は、まさに、ライフライン（生命線）的なイノベーションだったのです。

いたずらにハイテクの機能競争に走るのではなく、できるだけ機能を簡素化（リーン）する。一方で、消費者が本当に必要としている機能（スマート）は、たとえどんなにローテクであろうと盛り込んでいく。ノキアは、そのようなスマート・リーン戦略を徹底することによって、インドでの大成功を果たしたのです。

同様に、GEのヘルスケア部門は中国にローカル・グロース・チーム（LGT）を設立しました。このチームはGEのグローバル資源を利用して、中国市場向けに超低価格のポータブル型超音波診断装置を開発。中国での売上げが急増しただけではなく、可搬性が欠かせない状況（たとえば、事故現場）や狭い場所に利用する（たとえば、針やカテーテルの挿入）という新しい利用価値が見つかったことで、先進国でも爆発的な成長を遂げたのです。GEのジェフリー・イメルトCEOは、このように新興国で開発したものを先進国に展開する戦略を「リバース・イノベーション」と呼んでいます。(4)

インドや中国に代表される新興市場のボリューム・ゾーンを掘り当てることが、次の成長を目指すうえで、日本企業にとって大きな経営課題となっています。このノキアやGEの事例のように、これまでの成功体験にとらわれず、自社ならではのスマート・リーン戦略をいかに組み立てていくかが問われているといえます。

独走するｉＰｏｄ

一方、欧米のような成熟市場においても、スマート・リーンによって潜在的な需要を掘り起こすことが可能です。その代表例として、アップルの携帯型音楽プレーヤー「ｉＰｏｄ」のケースが挙げられます（図5）。

ソニーのウォークマンによって開拓された携帯型音楽プレーヤー市場は、記憶媒体の技術革新をベースとした商品カテゴリー間の競争が繰り返されてきました。カセットからＣＤ、そしてＭＤへといった具合です。しかし、先進国における市場規模は、一九九〇年代半ばに頭打ちとなりました。新しい記憶媒体を搭載しただけでは、買い替え需要以上の市場を生み出すパワーを持ちえなかったのです。

4　ジェフリー・イメルト他著・関美和訳『ＧＥリバース・イノベーション戦略』（「ダイヤモンド・ハーバード・ビジネス・レビュー」二〇一〇年一月）

図5　iPodによる「スマート×リーン」イノベーション

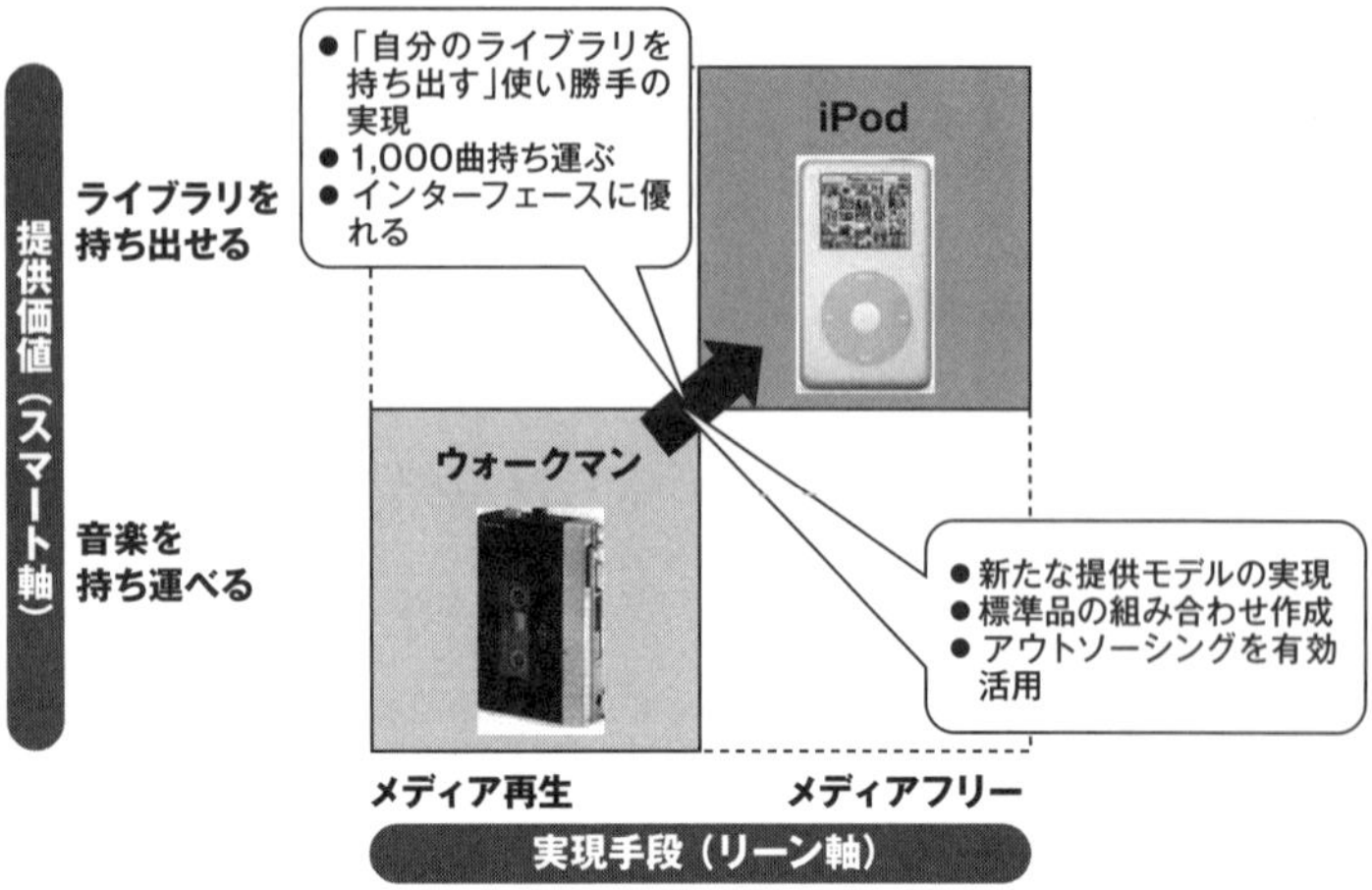

ところが、二〇〇一年の一一月にｉＰｏｄが日米欧で同時発売されると、市場は突然眠りから覚めたように、急成長をみせます。この時期、ハードディスク（ＨＤ）やフラッシュメモリを搭載し、ネットワークとの接続性も高いデジタルオーディオプレーヤーを世に送ったのは、アップルだけではありません。それにもかかわらず、その後五年間で、爆発的に成長した世界市場の三分の二のシェアをｉＰｏｄが占めるという完全な独走状態をつくり上げました。その圧勝の秘密はどこにあったのでしょうか。

ソニーはアップルに先行して、「ネットワークウォークマン」を開発していました。ＨＤやフラッシュメモリを搭載することにより、小型化や高音質化を訴求することが狙いでした。同様に東芝も、ＨＤによる大容量化と電池時間の長さを訴求点とした「ギガビート」を販売していました。いずれも、媒体技術の進化によるサイズや音質を軸とした、これまでと同質な価値競争を繰り広げていたのです。

これら先行企業を尻目にアップルは、ｉＰｏｄを世に送り出す際に「自分の音楽ライブラリをすべて持ち運べる」という、まったく異質な体験価値を高らかに掲げました。そして、そのような体験価値に沿うように、心地よく簡潔な操作性とファッション性に徹底的にこだわったのです。また、インターネット上のｉＴｕｎｅｓ Ｍｕｓｉｃ Ｓｔｏｒｅを通じて幅広い音源を提供し、ｉＴｕｎｅｓというソフトによってパソコン上でのストレスフリーな編集やダウンロードを可能にするなど、生態系全体にわたってｉＰｏｄの利用環境を整備していきました。これらの工夫の結果、これまでとはまったく異なった商品カテゴリーが登場したような、強烈なインパクトを市場に与えることに成功したのです。

一方、コスト軸でも、アップルは他社とは完全に一線を画した戦略を打ち出しました。ソニーや東芝がコア部品の自社開発にこだわったのに対して、アップルはＨＤは東芝に、バッテリーはソニーにといったように、外部の最強の供給者を起用しました。最終製品の生産も、ソニーや東芝が自社生産にこだわったのに対して、アップルは台湾のＥＭＳメーカーに生産委託しました。その結果、規模の経済とスピードを犠牲にすることなく、極めて強靭かつ柔軟なバリューチェーンをつくり上げることに成功したのです。

このように、アップルは、まったく異質な体験価値（スマート）を低コスト構造（リーン）で提供するという、スマート・リーンの王道を貫き通すことによって、眠っていた成熟市場に大きな風穴をあけることができたのです。

アップル復活の真相

この成功に勢いを得たアップルは、iPod mini、iPod nano、iPod shuffleと矢継ぎ早にバージョン・アップし、iPodを進化させていきました。さらには操作性に優れたiPhoneの投入で、高機能競争に明け暮れていた携帯電話市場にも旋風を巻き起こしました。スマート・リーン戦略は、今やアップルの勝ちパターンとして、すっかり定着した感があります。

ここで興味深いことは、かつてのアップルは、実は決してスマート・リーンな会社ではなかったということです。

たとえば、パソコン黎明期に登場した「マッキントッシュ」。当時もその操作性の高さには定評がありましたが、自社開発、自社生産にこだわったため、コストも高く、進化のスピードも遅い一部のユーザーに熱狂的に支持されるだけの製品でした。結局、「ウィンテル」陣営が水平分業でまたたく間にデファクト・スタンダードの座を手にしたのに対して、マッキントッシュはニッチな立ち位置に追い込まれたのです。スマートであってもリーンではなかった典型例でした。

さらには、一九九三年に鳴り物入りで登場した「ニュートン」。どこにでも持ち出せて、ペンで簡単に入力できる携帯情報端末（PDA）というコンセプトは、アップルらしい斬新なものでした。しかし実際には、アプリケーションの操作性が悪く、持ち出そうにも大きすぎて壊れやすかったため、市場の大きな失望を買う羽目となったのです。スマートでもなくリーンでもなかったことによる失敗です。

一九九八年にCEOに復帰したスティーブ・ジョブズは、赤字を垂れ流し続けていたニュートンの生産を中止する一方で、iPodの開発に着手しました。このアップル創設者の復帰が、同社復活の契機となったことは間違いなさそうです。しかし、それをジョブズのリーダーとしてのカリスマ性だけに帰着させるのはいささか表層的でしょう。

ジョブズはいかにして、短期間にアップルを変えたのか。そのメカニズムの詳細は第5章で検証しますが、ここでは、大きく次の二点に注目したいところです。

ジョブズはまず、「ユーザーインターフェースにこだわり抜く」というアップルの原点に回帰することに専念したのです。そのために、元アップル社員やMacユーザーなど、同社の本質的な強みを理解している人材を呼び戻し、社内外のリソースをｉＰｏｄなどの重要プロジェクトに結集しました。マッキントッシュ以来、アップルの強い遺伝子（ＤＮＡ）であったはずのスマート軸を徹底することによって、アップル独自の勝ちパターンを蘇らせたのです。

一方で、マッキントッシュでの苦い経験を踏まえ、開発と生産は外部ベンダーに大幅に委託する方向に舵を切りました。しかしこのときも、理想のインターフェースが実現できるよう妥協をゆるさず、ベンダーに対しては何度もプロトタイプを突き返しました。さらに、「ハードからソフトまで含めたシステムとしての完成度を高める」という統合力を自らが握ることにもこだわったのです。このように、悪しきＤＮＡであった自前主義とは訣別しつつ、自社らしさを貫くうえで必要不可欠な要件だけは押さえることによって、アップルならではのリーンな構造をつくり上げました。

このように、アップル復活の真相は、自社のよきＤＮＡを呼び覚まし、悪しきＤＮＡを組み換えることによって、スマート・リーン経営に移行したことです。日本企業がスマート・リーン経営への変革を目指すうえで、アップルの復活劇から学ぶことは少なくないはずです。

日本企業復権の切り札

「いいものを安く」というスマート・リーン経営は、かつて強かった頃の日本企業の勝ちパターンでした。しかし、グローバル化の流れの中で、多くの企業がコストを軽視した高付加価値ゲームに邁進してしまいました。その結果、かつては欧米企業を、クリステンセン教授の言う「イノベーションのジレンマ」に追いやっていたはずの日本企業が、いつのまにか自らその立場に陥ってしまったのです。日本的経営を貫いて快進撃を続けていた日本企業が、欧米流の経営モデルの罠にはまって失速してしまったというのは、あまりにも皮肉な話です。

かつてのトヨタやセブン-イレブン・ジャパン、最近でも任天堂やユニクロが、「スマート・リーン」を基軸とした日本的経営の本質的な強さを証明しています。ただしその際には、スマート軸を技術や機能といった商品側からではなく、体験価値という顧客側の視点で捉えなおす必要があります。また、リーン軸に磨きをかけるためには、何を内に残し何を外に出すか、をしっかりと見極めなおす必要があります。かつての勝ちパターンに原点回帰するだけでなく、スマート軸・リーン軸いずれも数段のバージョン・アップが求められるのです。

特に、これから成長が期待される新興市場のボリューム・ゾーンを攻めるには、これまでの日本流の経営モデルを横展開したのでは、まったく歯が立ちません。ノキアのインド攻略のケースは、スマート・リーン戦略をバージョン・アップしていくうえで、日本企業にとっても示唆に富んでいます。

単なる懐古趣味に堕さないためには、自社のＤＮＡをスマート軸・リーン軸双方の観点からしっかり見つめなおす必要があります。そのうえで、よきＤＮＡを呼び覚まし、悪しきＤＮＡは組み換えるといった緻密な経営努力が求められます。ジョブズ復帰後のアップルの再生は、本来の戦い方を見失った日本企業が大きく舵を切りなおすうえで、大いに学ぶべきでしょう。

欧米の経営理論に惑わされることなく、「スマート・リーン」経営を貫き通す――それが日本企業復活に向けた切り札となるはずです。次章では、どうすればスマートとリーンの良循環を生み出すことができるかについて考えてみましょう。

第2章
資産構造を組み替える

前章で論じたとおり、スマート軸かリーン軸かというデジタルな発想では、同質的な競争に陥りやすくなります。では、どうすれば、スマートかつリーンという「いいとこどり」が可能になるのか。

本章では、スマートとリーンの良循環を生み出すメカニズムとして、「資産の三層構造」化という考え方を提唱します。そのうえで、任天堂、ユニクロなどが、資産を三層構造で捉えなおすことによって、限られた資産でスマート・リーンを実現していることを検証します。

日本企業の三重苦

コンサルティングの現場にいると、日本企業には、圧倒的に弱い領域が三つあることに気づかされます。

一つ目は、「マーケティング力」。顧客にとってまったく新しい体験価値を創造する力が弱い。特に非日常的な尖った体験を世界に広げていく力では、アップル、ZARA、サムスンなどの欧米やアジアの先進企業の後塵を拝することが少なくありません。「スマート」軸だけをとると、どうも勝ち目がなさそうな気になってしまいます。

二つ目は、「事業モデル構築力」。無駄のないバリューチェーンをゼロベースで設計する力が弱い。グーグルやイケアの中抜きモデルや、ヒューレット・パッカードやノキアの水平分業モデルなどが台頭する中で、自前主義にこだわる日本企業は、大胆な打ち手が出てきません。「リーン」軸だけをとっても、アジアの新興プレーヤーのみならず、欧米の先進企業に対してすら、なかなか太刀打ちできそうにありません。

そして三つ目が、「経営レベルでの決断力」。スマート化に必要な資産（多くは無形資産）を残し、リーン化の対象となる資産（多くは有形資産）は外に切り出す、といったメリハリのきいた決断をする力が弱いようです。IBMがハード会社からソフトとソリューションの会社へ、フランスのビベンディが公共事業会社から巨大メディア複合企業へ、インドのタタグループがローカル企業からグローバル規模のコングロマリットへと変身を遂げている例などをみるにつけ、彼我の決断力の差を痛感させられます。

まさに三重苦です。これで、欧米やアジアの企業の向こうを張って、スマート・リーン経営を実現することができるのだろうか、という疑問が湧いてきても不思議ではありません。

しかし戦略の本質は、自らの本質的な強みに立ち返ること。だとすると、この三つを、日本企業が得意とするパターンに持ち込むことができるのではないでしょうか。

非日常（ハレ）から日常（ケ）へ

マーケティング（＝スマート軸）の本質は、新しい顧客価値を創造することです。しかし、そこには日本的なアプローチがあっていいはずでしょう。

たとえば任天堂は、DSやWｉｉの開発にあたって、これまでゲームの世界に縁がなかった幅広い顧客層をターゲットに設定しました。DSにおける「脳トレ」やWｉｉにおける各種の体感型ゲームは、そのような極めて日常的な顧客目線から生まれてきたものです。アップルが究極の音楽体験の実現を目指したのに対して、任天堂は、あくまで日常生活に密着した視点を貫くことによって、新しい顧客価値を創造することに成功しています。

Wｉｉを例に詳しくみてみましょう。通常のゲームが、「すわって一人で楽しむ」という体験を前提としたのに対して、Wｉｉは、「家族で集う」「体を動かす」「画面に入る」といった広がりのある体験を実現することを目指しました。そのために、三軸加速度センサーなどのソフト・ハード、スポーツや楽器の演奏などのコンテンツ、テレビと連携したサービスなど、幅広い仕掛けを駆使しました。その結果、「二一世紀型の家族の団欒」という新しい日常体験を演出することに成功したのです。

Ｗｉｉは、ゲームの世界にまったく異なる顧客価値をもたらしたのですが、ここでも、天才的な独創性が決め手となったわけではありません。ただし、任天堂ならではの要素があったとすれば、それは、「人を面白がらせる」という任天堂本来のＤＮＡでしょう。ソニーが高精細なグラフィックという技術を追求したのに対して、任天堂は顧客目線で面白さとは何かを考え抜きました。玩具メーカーとして娯楽の本質に立ち返ることによって、ゲームの持つ可能性を大きく広げることができたのです。

「本来、娯楽って枯れた技術を上手に使って人が驚けばいいわけです」と、任天堂の岩田聡社長は語ります。「別に最先端かどうかが問題ではなくて、人が驚くかどうかが問題なのだから」(1)

ユニクロが確立した提供価値も、任天堂と通じるところが多いでしょう。ＺＡＲＡやＨ＆Ｍがファッション性の高い「ハレ（非日常）」の世界を追求しているのに対して、ユニクロはあくまでベーシックな「ケ（日常）」の世界で価値を高めることで、幅広い顧客層を獲得することに成功しました。「便利で、ちょっとおしゃれな日常を着こなす」というユニクロならではの体験価値は、このような顧客目線と地に足がついた努力の産物です。

スマート軸を発見するために、天才的な発想が必要なわけではありません。任天堂、ユニクロ、セブン-イレブンのケースが示すように、生活の質に徹底的にこだわる日本人の感性が、グローバルに通用するイノベーションの原動力になりうるのです。

「脳トレも最初から勝算があったわけではない」と、任天堂の岩田社長は、海外での成功を振り返って語っています。「けれども、多くの人が興味を持ったということは、**日本人の感性は世界に十分通用する**ことを証明したのではないでしょうか」[2]（太字、筆者）

分解から再編集へ

二つ目の「弱点」である事業モデル（＝リーン軸）についても、同様の「読み替え」が考えられないでしょうか。

欧米企業やアジアの新興プレーヤーは、中抜きや水平分業など、バリューチェーンをデジタ

1　井上理著『任天堂――〝驚き〟の方程式』（日本経済出版社、二〇〇九年）
2　「週刊東洋経済」（二〇〇九年四月二五日）

ルに分解することによって、リーンな事業モデルにシフトしてきました。しかし、分解という無機的なプロセスが、唯一の成功方程式ではありません。むしろ、スマートとリーンを同時に実現するためには、いかにバリューチェーン全体を再編集して再統合するか、という有機的な視点が求められているはずです。[3]

ここでは、ユニクロのバリューチェーンをみてみましょう。

ユニクロはまず、SPAという製造・小売一貫モデルを採用し、バリューチェーン全体を統合しています。その際、製造そのものの資産は持たず、中国のパートナー企業に製造を委託しています。このように擬似的な垂直統合によって、効率よく製造・販売するプロセス全体を握っているところに、アパレルメーカーやアパレル小売にはない強みがあります。

柳井正CEOは、SPAの本質的な強みを以下のように喝破しています。

「SPAでは、圧倒的な『売れ筋商品』を発見するまで何度でも何度でもその（商品企画から販売までの）サイクルを自社で回せる。つまり、**実験＝試行錯誤**ができることこそが、SPAの本当の強みであろう」[4]（太字、筆者）

さらにユニクロは生産側から顧客側に軸足を移し、売れるモノを売れる数だけ生産する、というカンバン型のモデルを目指しています。当初は需要を事前に予測する見込み生産をしていましたが、思ったように売れないときには在庫を抱えて値引きに走らざるをえなかった。そこで、サプライチェーンを徹底的に効率化することによって工程時間を短縮し、需要見合いの生産ができるようになったのです。

小売業界でサプライチェーン・マネジメントが一世を風靡していた頃、柳井ＣＥＯは、「僕は今言われているクイックレスポンスとか、サプライチェーンは全部失敗すると思う」と発言していました。「というのは、誰かが一〇〇％在庫リスクを負ってコントロールしない限り、絶対成功しないからです[5]」と。

また、ユニクロは、中国のパートナー企業に製造委託するにあたって、「匠」と呼ばれる日本人の生産技術者を送り込み、自社の現地法人を通じて生産管理プロセスを導入しました。通常のＳＰＡのプロセスに、優良なメーカーの「源流からのモノづくり」を組み合わせた格好です。その結果、商社や問屋などの卸による過度な介入や、工場出荷後の検査や不良品回収といった無駄なプロセスを削減することができました。まさに、トヨタ生産方式を彷彿させるような取り組みです。

3　このようなバリュー・チェーンの再編集を、筆者はＩＰＲ（Industry Process Redesign）と呼んでいる。詳細は日本経済新聞「経済教室」（一九九九年二月一日）、「日経ビジネス」（一九九九年一月一八日）、「通産ジャーナル」（一九九九年二月号）、「マッキンゼー・クォータリー」（一九九八年一二月号）など参照
4　柳井正著『成功は一日で捨て去れ』（新潮社、二〇〇九年）
5　日経ＭＪ（流通新聞）（二〇〇一年四月五日）

しかも、トヨタが日本で成功したモデルを海外に「輸出」していったのに対して、ユニクロは初めから中国で成功モデルをつくり込み、それをベトナムやバングラデシュなど、さらに低コスト国に移植しようとしています。アジアの新興国にしっかり根をおろしたスマート・リーン型事業モデルづくりにおいて、ユニクロはトヨタをはるかに凌いでいるといえるでしょう。

また、後述するように、東レなどの外部の素材メーカーと業務提携関係を築き、素材レベルから共同開発を進めている点も、トヨタ流を地でいっているところです。さらにマーケティングにおいては、百貨店や駅ナカなど形態の異なる流通拠点への出店、中国の電子商取引大手のアリババと組んだネット通販への参入、ディズニーなどの異業種ブランドとの提携など、異質なプレーヤーとオープンなパートナリングを積極的に展開している点で、自社内にとどまりがちなトヨタの経営モデルを凌駕しているとさえいえます。

ユニクロの成功の本質は、「持たざる経営」によるリーンなコスト体質にあるのではありません。むしろ、分断されたバリューチェーンを「系」として再統合することによって、スマートとリーンを同時に実現することを目指した点にあるのです。

このような系全体でコスト負担を分担しつつ、一社だけでは達成できない大きな価値を創造する事業モデルは、日本企業が本来得意としてきたパターンだったはずです。今求められているのは、かつてのトヨタや今のユニクロのように、グローバル規模で分断されたバリューチェーンの系を再編集し、再統合する構想力と実践力です。

非デジタルな資産の組み替え

最後に、三つ目の「弱点」である経営レベルでの決断力に目を移しましょう。各事業部が損益の一義的な責任を持つのに対して、バランスシート上の資産を大胆に組み替えるのは、経営レベルの課題です。マーケティングや事業モデルがそれぞれスマート軸、リーン軸の各論だとすれば、資産ポートフォリオの組み替えは、スマートとリーンの良循環を生むための本丸の課題となります。したがって、ここはじっくり考えてみましょう。

ポーター教授に代表される戦略構造論者は、戦略に合わせて資産のポートフォリオを取捨選択すべきと主張します。これに従えば、戦略に必要な資産は内部化し、不必要な資産は外部化することになります。しかし、資産をデジタルに切り分けるだけでは、同質な価値の拡大再生産はできても、異質な価値を生み出すことはできません。

ここでも、最終的に内に残すか（スマート化）外に出すか（リーン化）という二者択一の発想を転換してみることです。そのためには、経済活動の系（エコシステム＝生態系）全体に視野を広げ、多様な事業者と協働して、異質な価値を生み出す仕組みをつくることがカギとなり

ます。これは、かつてシュムペーターがイノベーションの本質と言い当てた「新結合」のメカニズムにほかなりません。(6)

つまり資産を、自社独自で持つべきもの、他社と共有化すべきもの、そしてその中間におくもの、という三種類に層別化することです。そのうえで、資産の中身をダイナミックに組み替えていくプロセスが必要となります。

トヨタのプリウスを例にとりましょう。当然のことながら、クルマ全体の構造やデザインなど、製品の核となる部分はトヨタ自身が握っています。一方で、大多数の部品や車体製造の一部は、サプライヤーの資産を活用して生産しています。しかし、トヨタ自身にコンピテンスがなく、ハイブリッド・エンジンのキモとなるバッテリーの開発にあたっては、パナソニックと合弁を組んで共同開発を進めました。当初はマイノリティ出資にとどまっていましたが、その後バッテリーの重要性を鑑み、マジョリティ出資に切り替えています。これが資産を「中間におく」という例です。

このようにトヨタは、資産を三層に切り分けたうえで、ポートフォリオ全体をダイナミックに再構築していったのです。そして、その中間形態としてのパナソニックとの合弁による異質な知の新結合が、ハイブリッド・エンジンというスマート・リーン型のイノベーションをもたらしたのでした。

資産の三層構造

スマート・リーンの実現に向けて、資産を構造化する際には、「共層（外側）」「協創（中間）」「競争（内側）」の三層で捉えなおすことが有効です。

図6の一番下の「**共層**」は、他の事業者と資産を共有する領域です。「スケール（規模）の経済」が決め手となる有形資産の多くは、この層に属します。自前で設備を持つより、規模を握った事業者に外注するほうが得策となります。たとえば半導体産業では、台湾のＴＳＭＣなどの「ファウンドリー」と呼ばれる受託生産会社が「世界の工場」としての存在感を高めています。

一方、自前で設備を持つ以上、自社需要を超えた規模を稼ぐためには、他社にも積極的に開放する必要が出てくるでしょう。たとえば、大規模な液晶パネル工場を建設したシャープは、規模の経済を得るために、ソニーや東芝など他の液晶テレビメーカーにもパネルを供給しています。

6 ジョセフ・シュムペーター著、中山伊知郎、東畑精一訳『経済発展の理論』（岩波書店、一九三七年）

図6　資産の3層構造

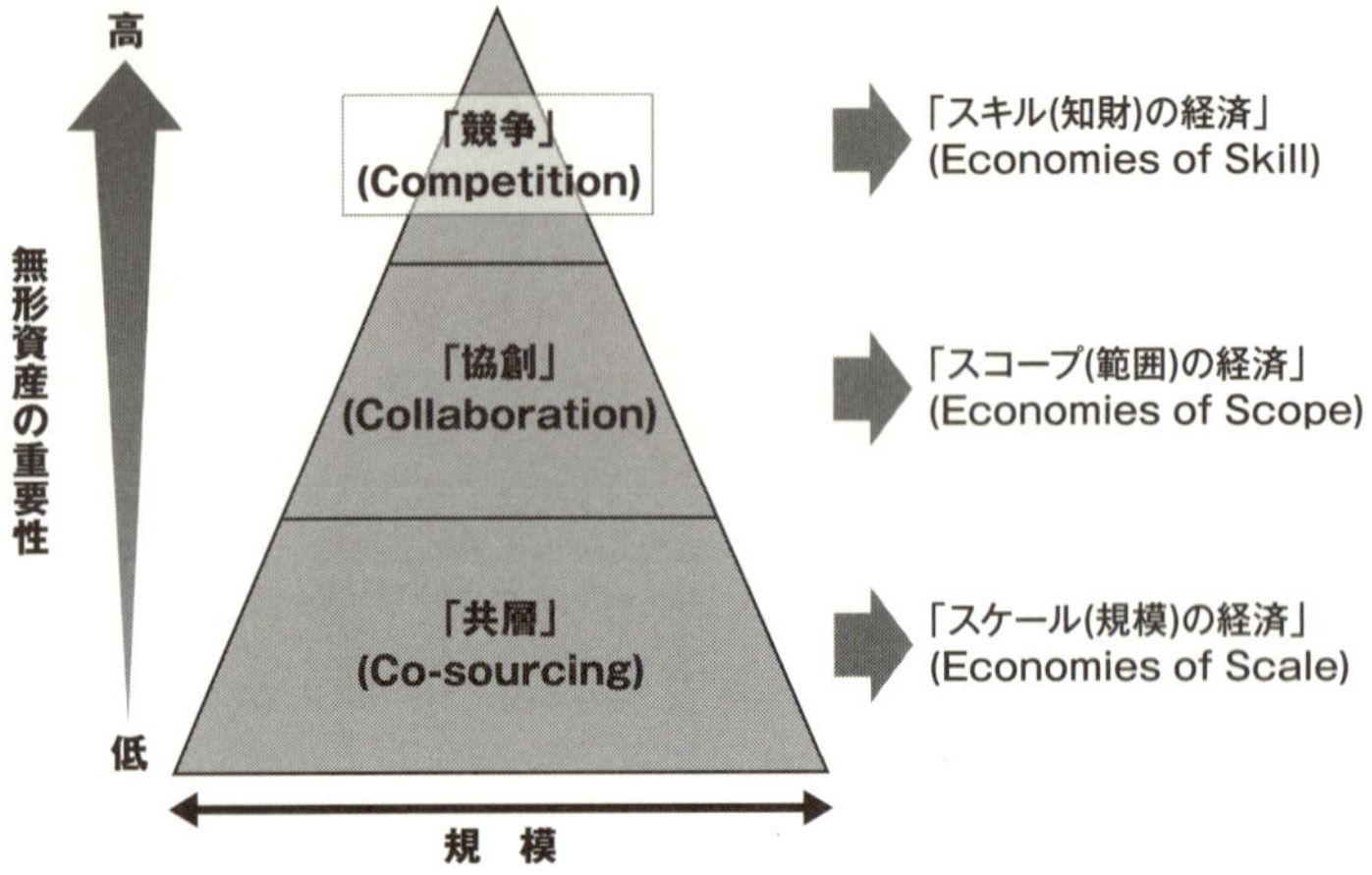

図の一番上の「**競争**」は、自社の資産を武器に、自社ならではの戦いを展開する領域です。「スキル（知財）の経済」が決め手となる無形資産の多くは、この層に属します。この資産の価値を高めることが、本業で勝ち抜くためのキモとなります。たとえば半導体産業では、アメリカのクァルコムなどの「ファブレス」と呼ばれる生産ラインを持たない企業がファウンドリーに量産を任せて、設計やマーケティングに集中して競争力を高めています。

ただし、スキルの経済を磨くうえで、有形資産が必要となる場合が少なくありません。特に、日本企業が得意とする現場型のスキルを磨くためには、現場を自ら持っていることが必須条件です。セブン - イレブンは、フランチャイズ方式をとることで多くの店舗を自社の資産からはずしていますが、新しい実験の場として、一部直営店を自社資産として展開しています。

また、半導体産業においても、量産は外注するものの一部の設備を「パイロットライン」または「マザー工場」として残して、量産できるようになるまでの生産準備を自前で行う「ファブライト」型のプレーヤーが登場しています。富士通マイクロエレクトロニクスが、最先端のパイロットラインを三重工場に持ちつつ、量産に関してはＴＳＭＣに委託すると発表した例は、その典型です。

図の真ん中の「**協創**」は、自社の資産と他社の資産を組み合わせて新しい価値を生み出していく領域です。異質な知の新結合によって「スコープ（範囲）の経済」を追求することが、拡業型のイノベーションを起こすためのカギとなります。そのためには、異質なプレーヤーの多様な有形・無形資産が必要となるのです。

半導体産業では、自動車制御用のマイコンを開発するために、半導体メーカーが中心となって、自動車メーカーに加えて、家電メーカー、部品メーカー、組み込みソフト会社、半導体設備メーカーなど、多様なプレーヤーと協業を行っています。最近はクラウド・コンピューティングやスマート・グリッドなど、自動車周辺の情報のやりとりが必須となる中で、協業のパートナーも、通信サービス事業者、ＩＴサービス事業者、電気サービス事業者など、多様なインフラ事業者にまで協創の生態系は広がっています。

協創を実現するためには、異質な資産を組み合わせるための場（プラットフォーム）とプロセスが必須となります。プラットフォームとしては、生態系全体で提供する価値の広がり、提供する商品やサービスの基本骨格（アーキテクチャ）、提供手段（バリューチェーン）の三つを設定することになります。また協創プロセスとしては、各プレーヤーの役割分担や協業のルールを明確化したうえで、生態系全体で利益を最大化するためのメカニズムとプレーヤー間の利益配分の仕組みを設計ことになります。

自動車制御用のマイコンの事例では、これら関連業界のプレーヤーから構成されるＪＡＳＰＡＲ（Japan Automotive Software Platform & Architecture）という業界団体が、業界として共通のプラットフォームやプロセスを設定しています。この「共層」構造のうえで、トヨタなどの自動車メーカーやデンソーなどの一次部品メーカーが、それぞれの生態系の中で、協創のためのプラットフォームやプロセスを構築しています。もちろん、この「協創」構造のうえで、各社が独自のプラットフォームやプロセスを運営しているのです。このように、各層で資産を有効活用するためには、プラットフォームとプロセスも、三層構造の中で同期をとりながら回していく必要があります。

欧米型のデジタルな発想の限界を超えるためには、「協創」（スマート・リーン）を進化のエンジンとして、「競争」（スマート）と「共層」（リーン）をダイナミックに組み替え、増殖していくことがカギとなります。以下、任天堂とユニクロが、いかに生態系全体を視野において資産ポートフォリオをマネージしているかをみてみましょう。

三つの顔を持つ任天堂

任天堂には三つの顔があります。生産をすべて外部に委託する「ファブレス企業」、そうはいってもソフトとハードの自社開発に徹底的にこだわる「擬似垂直統合企業」、そして異業種との協業によってゲームの進化を加速する「拡業指向企業」という三つです。この三つの顔は、資産の三層構造を反映したものです。

まず、任天堂は、典型的なファブレス企業です。ゲーム機の本体の生産は日本のミスミグループや台湾の鴻海精密工業に委託しています。また、Ｗｉｉのコントローラーの動きを検知する「三軸加速度センサー」はアメリカのアナログ・デバイセズ、ペン入力がユニークなＤＳのタッチパネルは日本写真印刷が生産しています。ここだけを着目すると、任天堂は、欧米型の「持たざる経営」の最先端をいっているようにみえます。

一方で、任天堂は、ハード・ソフトの自社開発に徹底的にこだわります。幅広い層の顧客に本当の面白さを身近に体験してもらうためには、ハードとソフトの双方にこだわりぬくことが大切だと信じているからです。

「任天堂は新しい機種の開発をハードとソフトのスタッフが共同で行うので、そこが専業メーカーにはない特徴です」と任天堂の岩田聡社長は語ります[7]。

したがって、ハードを生産委託する場合でも、開発段階から仕上がり度に至るまで、顧客インターフェースやユーザビリティ（使い勝手）に関しては決して妥協を許しません。また。ソフトに関しては、サードパーティ（独立系ソフトメーカー）を起用する水平分業型モデルが時代の趨勢であるのに対して、あくまで自社開発ソフトに主軸をおいています。実際に二〇〇八年のアメリカにおけるゲームソフト販売ランキングでは、任天堂のソフトが上位四位までを独占しました。外部の資産を巧みに活用しながらも、あくまで自社でバリューチェーン全体を束ねる「擬似垂直型」モデルといえましょう。

このように、常に自社でコントロールしようという意識が働く任天堂は、他社との対等な協業はあまり得意ではないと思われがちです。しかし実際は、積極的な仕掛けも目につきます。従来の枠組みを超えてゲームを進化させようとすれば、異質なプレーヤーとの連携は必須となるからです。たとえば、ＤＳの人気ソフト「脳トレ」の開発にあたって、岩田社長自身が企画書を持って、「脳を鍛える大人のドリル」で知られる東北大学の川島隆太教授に直々に提案したエピソードはよく知られています。

「任天堂がやることは、任天堂が一番強みを発揮できる部分に絞るべき」と、岩田社長は自戒しています。

「これは私が山内（筆者注、前社長山内溥）から教わったことですけど、上手に捨てられるから少ない人数でも大きなところと戦えるわけで、絞っていなければ、ソニーさんやマイクロソフトさんのようなジャイアントカンパニーを向こうに回して競争なんかできないわけですよ。ですから、**事業を分散させない。それを前提にすると、自分たちでできないことは他社さんと組まないといけないわけで、その組み方もどんどん変わっていく**んだろうなと思います[8]」（太字、筆者）

インターネットとの接続が可能になったＷｉｉや最近のＤＳｉでは、さまざまな異業種企業との連携をさらに加速しています。「Ｗｉｉデジタルプリントチャネル」では、富士フイルムと組んで、ＳＤメモリカードの写真をＷｉｉに取り込み、富士フイルムの写真プリントサービスに注文することができます。その際には、スーパーマリオのキャラクターを使ったアルバムや、Ｗｉｉでつくった似顔絵入りの名刺が注文できるなど、任天堂ならではの仕掛けも取り入

7「週刊東洋経済」（二〇〇九年四月二五日）
8 井上理著『任天堂――〝驚き〟を生む方程式』（日本経済出版社、二〇〇九年）

れています。

また、ＤＳｉ向けのソフト「うごくメモ帳（うごメモ）」の開発にあたっては、パソコンと連動させるサービス分野について、インターネットサービス会社「はてな」と提携し、システム開発や運営の一切を任せています。「はてな」は、「ウェブ進化論」で有名な梅田望夫氏が取締役をしているベンチャー企業です。

「はてな」はさらに、この「うごメモ」サービスのうえで、ユーザーがコンテンツを投稿するＵＧＣがＤＳｉのキラーコンテンツになりつつあります。ユーチューブなどの動画投稿サイトやミクシィなどのＳＮＳの台頭によって、消費者参加型メディアに進化していったインターネットのダイナミズムを、いち早くゲームの世界に取り込むことによって、顧客そのものをパートナーとした協創に乗り出そうとしているのです。

アップルがｉＰｏｄ ｔｏｕｃｈで、いよいよゲームの世界に本格的に参入してきました。一方、任天堂もＤＳｉに音楽再生機能を搭載し、ゲームを中心にしながら、音楽の世界を取り込もうとしています。今後、任天堂の最も手ごわい競争相手は、ソニーでもマイクロソフトでもなく、同じようにスマート・リーン型経営を展開しているアップルとなる可能性が高いでしょう。

そのためには、インターネットの「あちら側」のプレーヤーと多層的な協創を仕掛けながら、任天堂が得意とする「こちら側[9]」で、いかに新しい驚きや面白さを提案できるかが勝負となるはずです。岩田社長は語ります。

「人は『任天堂ってアップルに似ているよね』と言ってくださるようになった。でも、うちは娯楽の会社で、アップルはハイテクの会社。やっぱりやり方が違うところは、たくさんある[10]」

ユニクロのバーチャルカンパニー

ハイテク産業から小売業に目を転じてみても、スマート・リーン経営の覇者は、この三層構造をうまく使いこなしています。ここではユニクロの例をみてみましょう。

ユニクロも完全に「ファブレス」企業です。生産は中国のパートナー企業に委託しており、その形態は、ギャップやＺＡＲＡなどの他のＳＰＡと同様です。

しかしその一方で、「擬似垂直統合」を徹底していることは、前述したとおりです。販売のみならず、開発から生産まで自社の独自性を貫き通しているところが、ユニクロの競争力の源

9「あちら側」と「こちら側」は、梅田望夫著『ウェブ進化論』（筑摩書房、二〇〇六年）の中で使われている表現
10 井上理著『任天堂――〝驚き〟の方程式』（日本経済出版社、二〇〇九年）

泉です。ただ、それだけだと、効率のよいマシーンのような経営はできたとしても、同質的な拡大再生産に陥ってしまいがちです。

ユニクロが革新的であり続けている秘訣は、三層構造の真ん中の「協創」を巧みに仕掛けているところにあります。たとえば、繊維メーカーと組んで素材から革新的な商品の開発を手がけており、東レとは一〇年に及ぶ長期的なパートナーシップ関係を結んでいます(11)。

きっかけは、柳井正CEO自らが全取締役とともに東レの平井克彦社長(当時)を訪問し、グローバルな競争力構築に向けて包括的な協力関係を求めたことにありました。まだフリースブームが頂点にあった二〇〇〇年のことです。この関係は、二〇〇六年には、共同のバーチャルカンパニーの設立にまで発展します。東レ側は、数百人の研究員をユニクロとの共同開発に投入するほどの力の入れようでした。

このパートナーシップから生まれた代表作が、「ヒートテック」。東レの工場にはヒートテック専用ラインが設けられ、数百回にわたって試作を繰り返した結果、二〇〇三年に初代のヒートテックが完成しました。その後も肌触りのよさや耐久性などに工夫を加え続け、二〇〇八年には二八〇〇万枚の超ミリオンセラーとなりました。フリースの二六〇〇万枚という年間販売記録を塗り替える快挙です。二〇〇九年のヒット商品となった女性向け下着「サラファイン」。湿気を吸い取って逃がす機能を持った特殊な繊維でつくられている優れものです。この繊維も、東レと旭化成と共同で開発したものでした。

二〇〇九年は、デザイン領域での協創を通じて、まったく新しいカテゴリーのヒット商品が生まれた年でもあります。ファッション・デザイナーとして著名なジル・サンダーとのコラボレーションによる「+J（プラスジェー）」コレクションです。これまでは、日常的な利便性に軸足をおき続けてきたユニクロが、感性という要素を盛り込んだ新機軸です。

「ユニクロが目指すのはシンプルな中にある新しさ、美しさ、感動だ。この三つを同時に表現することができるのはジルさん以外にいない。この人から当社が学べることは計り知れないと思う」と、柳井CEOは述懐します。「ユニクロが従来から取り組んできたファッション性あるベーシックな服づくりの力と、ジル・サンダーさんの感性やクリエイティビティとの相乗効果で、この先ユニクロ『+J』は世界中のお客様から支持されるコレクションになってほしいと願っている[12]」

生産は外に任せ、販売、マーケティング、サプライチェーンなどのオペレーションの核となる資産は自らが一貫して握る。そのうえで、技術力や独創力のある外部パートナーと知恵を出

11 東レとのパートナーシップに関しては、「日経ビジネス」（二〇〇九年六月一日）を参照
12 柳井正著『成功は一日で捨て去れ』（新潮社二〇〇九年）

し合って、革新的な商品を「協創」する。このように、ユニクロも巧みに資産の三層構造を組み合わせて、本業におけるスマート・リーン経営を展開しています。今後は、新規事業や海外事業などの拡業領域において、いかに異質なプレーヤーの知恵を積極的に取り入れていくかが、次世代成長を加速するうえでの課題となるでしょう。

答えは足元にある

外資系コンサルタントとして、日本企業の経営変革をご支援する中で、欧米流の成功モデルをグローバル・スタンダードとして押しつけても、日本企業の強さを蘇らせることはできないことを痛感させられました。

成功要件は同じでも、その解き方は、日本流であってもいいはずです。むしろ、日本流の、歯切れが悪くベタなモデルのほうが、一見論理的でクールな欧米モデルより、実体経済に深く根ざした成長をもたらす可能性が高いのではないでしょうか。任天堂やユニクロなど、デフレ経済の中でも持続的な成長を実現している日本企業をみればみるほど、そのような思いが筆者の中で確信にまで高まっていきました。

マーケティングの本質は、地に足がついた顧客目線で、日常性の中に新しい体験を仕掛けることです。そのためには、顧客接点などの「現場」に立ち戻ることが基本であり、日本企業が本来得意としている泥臭い努力がカギとなるはずです。

事業モデルの本質は、生態系の中で、自社のみならず顧客や他社を巻き込んでバリューチェーンを再統合することにあります。このような擬似垂直統合モデルは、ユニクロのみならず、セブン‐イレブンやヤマト運輸など、日本の傑出したサービス企業に共通しています。

ハイテク産業では、日本企業が自前主義型の垂直統合にこだわっている間に、欧米やアジアの企業は水平分業モデルによって、規模とスピードで日本を圧倒するようになりました。日本企業としては、周回遅れで水平分業に完全に移行するのではなく、任天堂のような擬似垂直統合を目指すことによって、リーンでありながらスマートな経営を目指せないものでしょうか。事実、東芝はラップトップPCや薄型TV事業において、ボリューム・ゾーン商品の生産はアジアのEMSに委託しつつ、商品開発からサプライチェーン・マネジメントまで、自社で擬似垂直統合することによって、激戦地のデジタル・メディア事業において、トップライン（スマート軸）もボトムライン（リーン軸）も伸ばしています。

また、スマート・リーン型の経営モデルのキモは、さまざまなプレーヤーと資産をぶつけ合って「協創」を目指すことにあります。本来、「個」社として生き抜くことより、生態系の中で力を出すことが得意な日本企業にとって、これもなじみ深い世界であるはずです。ただし、これまでの同質なパートナー群から、より異質なパートナー群へと、生態系をいかに開放していくかが、課題となるでしょう。

このようにスマート・リーン経営は、日本企業にとって、実は極めて身近なものです。すでに破綻がみえている欧米流のデジタルな経営モデルに振り回されるのではなく、この日本流の非デジタルな世界を究めていくことが、次世代の成長につながるはずです。

ただし、いたずらに懐古趣味に走ったのでは、答えになりません。なぜなら、スマート・リーンは、常にダイナミックな変革を必要とするからです。次章では、このスマート・リーン経営のダイナミズムについて理解を深めていきます。

第3章
スマート・リーン経営のダイナミズム

前章では、スマート・リーン経営の三つの構成要素を検討しました。顧客目線のマーケティング、擬似垂直統合型の事業モデル、そして、「協創」を核とした生態系全体での資産の再編集です。これら三つを組み合わせることによって、スマートとリーンを両立させ、価値双曲線を上方に押し上げることが可能になります。

しかしそこで満足してしまうと、新たにスマート・リーンを仕掛けてくるプレーヤーに出し抜かれるでしょう。この「イノベーションのジレンマ」に陥らないためには、スマート・リーン経営を常により高い次元に推し進めていかなければなりません。

この章では、スマート・リーン経営が目指す進化のダイナミズムを、三つの位相に類型化して解明します。白物家電、携帯音楽端末、コンビニの例をとって、過去の産業進化のプロセスを検証するとともに、リクルートを例にとって関連産業への「拡業」のアプローチを紹介しま

図7　コンピュータの進化

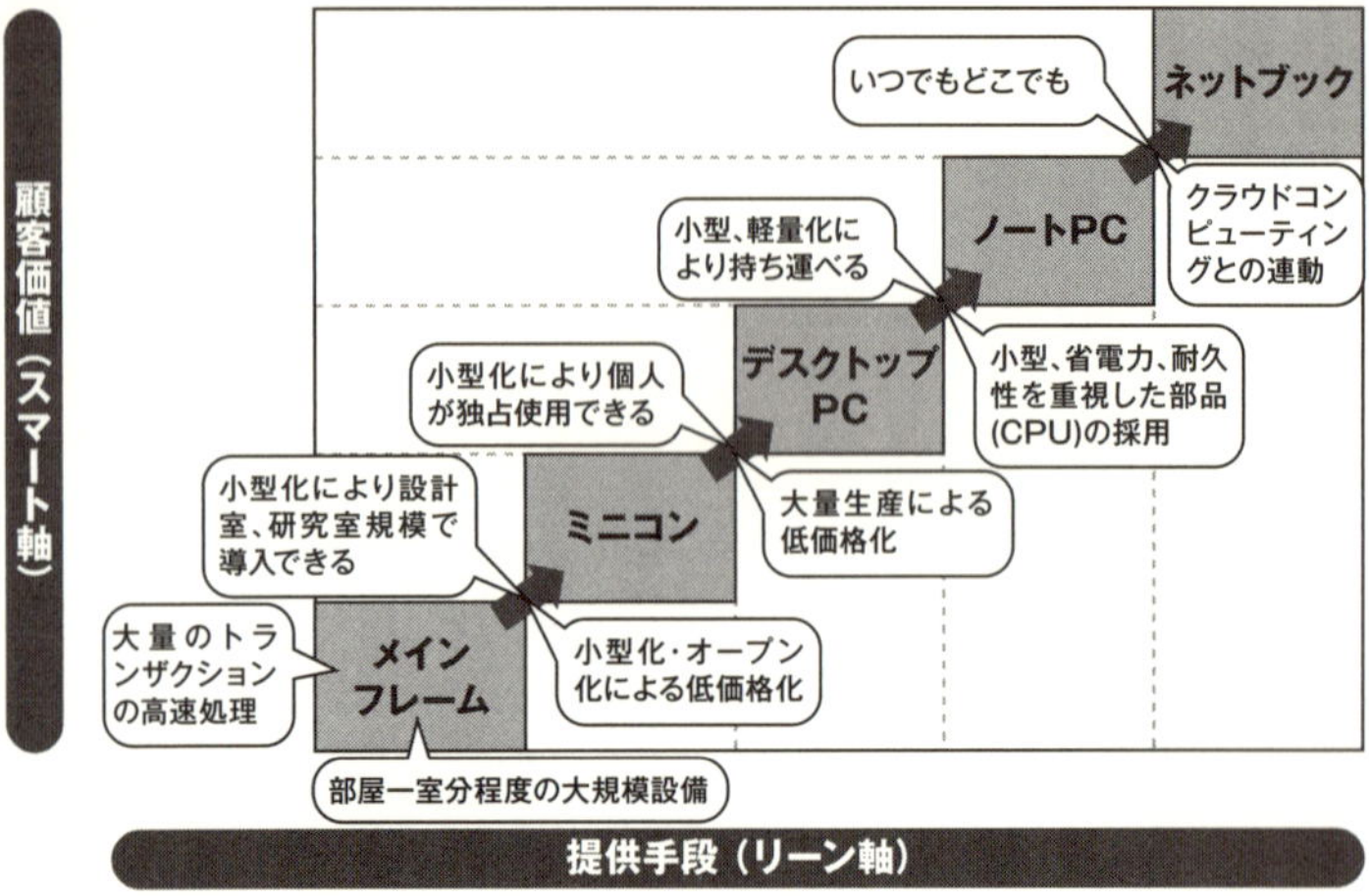
顧客価値（スマート軸）
ネットブック
いつでもどこでも
クラウドコンピューティングとの連動
ノートPC
小型、軽量化により持ち運べる
小型、省電力、耐久性を重視した部品(CPU)の採用
デスクトップPC
小型化により個人が独占使用できる
大量生産による低価格化
ミニコン
小型化により設計室、研究室規模で導入できる
小型化・オープン化による低価格化
メインフレーム
大量のトランザクションの高速処理
部屋一室分程度の大規模設備
提供手段（リーン軸）

す。さらに、ユニクロが、スマート・リーン経営を次の次元に進化させるうえで、新たに直面している課題を洞察します。

「鏡の国」の競争原理

スマート軸、リーン軸のそれぞれを次の次元にずらすことによって、右上の新たな座標点に到達することが可能になる。これが、スマート・リーン・モデルの基本構造です。

しかし、このように到達した地平が次のイノベーションの踏み台となるのです。つまり、初めに到達したスマート・リーンの座標点に対して、よりスマートな顧客価値を、よりリーンな提供手段で実現することにより、次世代のスマート・リーンの座標点が生み出されます。その結果、現在の優位性は失われ、世代交代が進むことになります。

市場や商品の進化は、このスマート・リーン・モデルで説明することができます。たとえば、コンピュータの進化のプロセスを示すと、**図7**のようになります。メインフレームから最近のネットブックに至る世代進化は、スマート軸とリーン軸を同時にずらすことによって繰返されてきました。

クリステンセン流にいえば、世代進化のたびに、新しいイノベーターが登場することになります。コンピュータの事例においても、世代ごとに仕掛けたプレーヤーが異なっています。前世代のリーダーは、そこで築いた優位性を守ろうとするため、破壊的なイノベーションを自らは起こせない、という「イノベーションのジレンマ」現象です。

一方でアップルは、スティーブ・ジョブズの復帰以来、iＭａｃやマックブックなどによって、単なる安値合戦とは一線を画したスマート・リーン戦略を打ち出し続けています。またIBMは、デスクトップ産業の立ち上がり期の旗手であったし、センサー・ネットワークなど、ネットブックの先の世界を見据えたコンピュータのパラダイム・シフトを仕掛け続けています。イノベーションを起こし続けることができるかどうかは、ひとえに経営の問題です。

スマート・リーンは、不断のイノベーションを目指し続けるダイナミックなモデルです。このモデルを貫き続けるかぎり、イノベーションの機会は尽きないはずです。逆に、どこかで手を緩めれば、どれだけイノベーティブな実績のある企業でも、次のイノベーターによって陳腐化されてしまいます。変化しないことが最大のリスクなのです。

「この国では、おなじ場所にとどまっているためには全速力で走らなければならないんだよ。どこかほかの場所へいこうと思ったら、すくなくともその二倍の速さで走らなければならないんだ」[1]という一節が、鏡の国のアリスの中に出てきます。まさにこの鏡の国のルールのように、変化を常態として捉えて、常に右上の座標点を追いかけ続けることが、スマート・リーン経営の宿命です。

「新化」と「深化」

時間軸上でみると、進化には二つのタイプがあります。破壊的な進化と漸進的な進化です。ここでは前者を、本質的に新しいものを生み出すという意味において「**新化**」と呼びます。スマート軸上では、まったく新しい顧客価値を創出し、リーン軸では、まったく新しいビジネス・モデルを展開するタイプです。先述したコンピュータ産業のマクロ進化は、まさにこの「新化」のプロセスで、世の中でイノベーションと呼ばれている事象は、この類型に属するものがほとんどです。

一方、後者の漸進的な進化を、新しく生み出された価値や手段をさらに深めるという意味において「**深化**」と呼びます。スマート軸上では、まったく新しくはないものの、より良質な顧客価値を創出し、リーン軸では、斬新的な改良によってより筋肉質なビジネス・モデルを展開するタイプです。通常、この種のものは単なるカイゼンであって、イノベーションではないと思われがちです。しかし、スマート・リーンの観点からみれば、十分ブレークスルーをもたらすパワーを持ちうると捉えられます。

たとえば、洗濯機や冷蔵庫などの白物家電は、頻繁に破壊的な技術革新が起こる世界ではありません。したがって、何もしなければコモディティ化して、どんどん値崩れしてしまいます。そこで、いかに「枯れた技術（リーン）」を賢く組み合わせて、「新しい顧客体験（スマート）」を実現するかが勝負となります。

図8は、日本における洗濯機市場の進化を示したものです。一九八〇年代までは、洗濯機と脱水機が分離された二層式が主流でした。一九九〇年に入って、この二つの機能が一体となった全自動洗濯機が登場します。洗濯機から脱水機に入れ替える手間が省けて、利便性が飛躍的に高まりました。その結果、価格は上がり、出荷台数も大きく伸びたため、市場は大きく成長

1 ルイス・キャロル著、高杉一郎訳『鏡の国のアリス』（講談社文庫、一九八八年）

図8　洗濯機における「スマート・リーン」イノベーションの連鎖

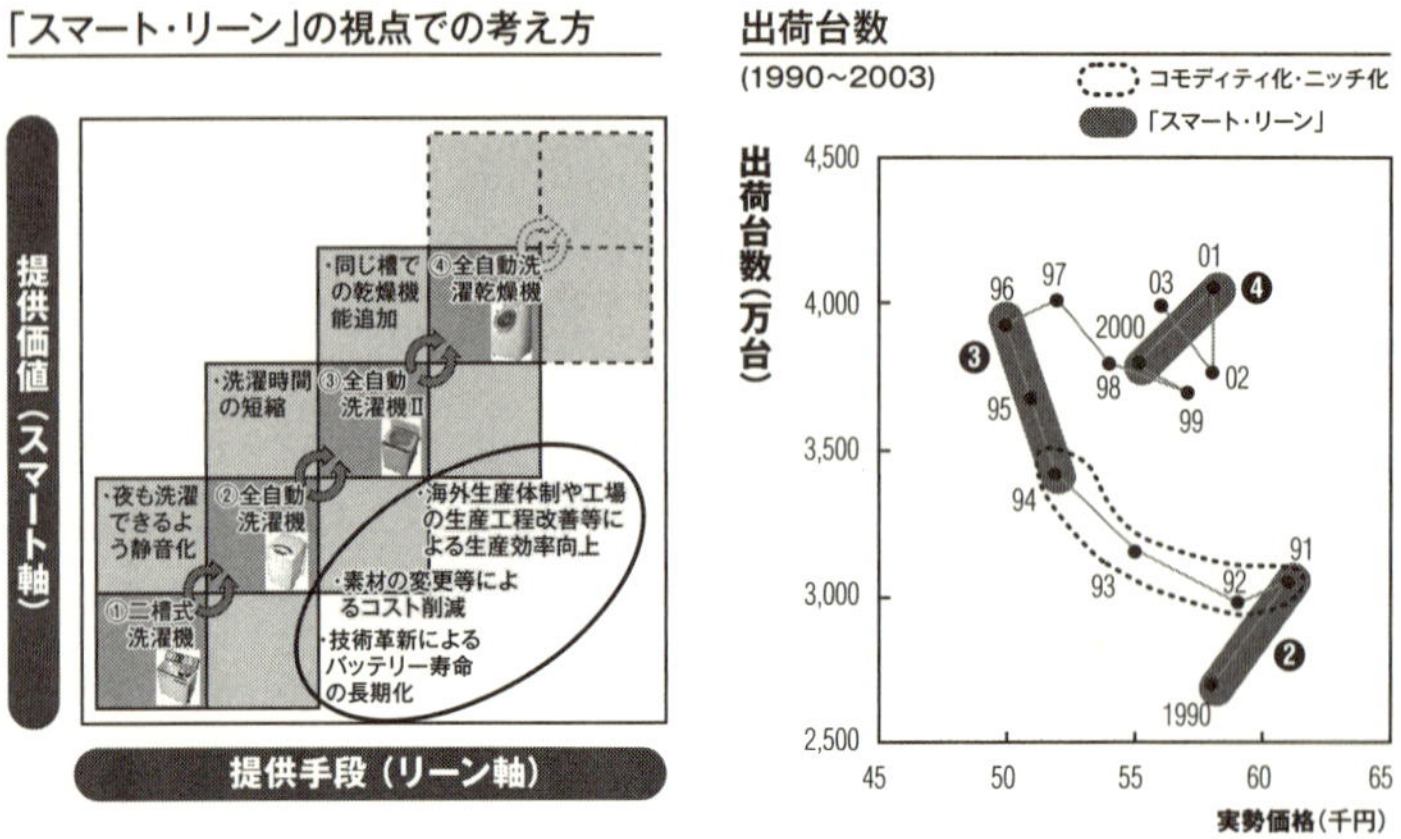

資料:Association for Electric Home

しました。

その後九〇年代前半は、洗浄の時間短縮などの機能上のカイゼンによって少しは歯止めがかかったものの、価格下落と出荷台数の増加というコモディティ市場特有の右肩下がりの傾向を示します。しかし、九六年になって、低騒音型が出ると、深夜に洗濯時間をシフトすることが可能になり、また価格と販売台数がともに上がって、市場が大きく成長しました。

その後数年は、機能の追加により価格は上がるものの、販売台数が下がるというニッチ化傾向をいったん示した後、またコモディティ化の兆しをみせます。ところが二〇〇〇年には乾燥機も一体となった完全自動型が登場し、また市場は大きくジャンプしました。

一方でこの一〇年間、日本企業は継続的に

リーン軸を磨き上げてきました。海外への生産移管や生産工程の効率化によって、固定費は大きく下がる一方で、素材などの変動費の削減も徹底されました。しかしその多くは、スマート軸と同期しないかぎり、コモディティ化による価格下落のもととなってしまったのです。

日本企業が得意なオペレーションのカイゼンは、リーン軸だけにとどまりがちです。しかし、スマート軸上のカイゼンをからませることによって、「深化」のプロセスも絵に描いたようなスマート・リーン型イノベーションを引き起こしうるのです。

進化の二重構造

市場や商品の進化をよくみると、「新化」と「深化」が繰り返されています。マクロでみると「新化」によって大きな世代交代があり、ミクロでは「深化」によって各世代の中でさらに粒度の細かいイノベーションが繰り返されるのです。

オーディオ機器を例にとりましょう。マクロでは、レコードプレーヤーからラジカセ、ラジカセからウォークマン、そしてｉＰｏｄへと、「新化」型のイノベーションによって、大きなパラダイム・シフトが起きてきました（**図9**）。一方、ミクロにみると、それぞれの世代の中で、継続的な「深化」が進んできました。

図9　オーディオ機器の進化

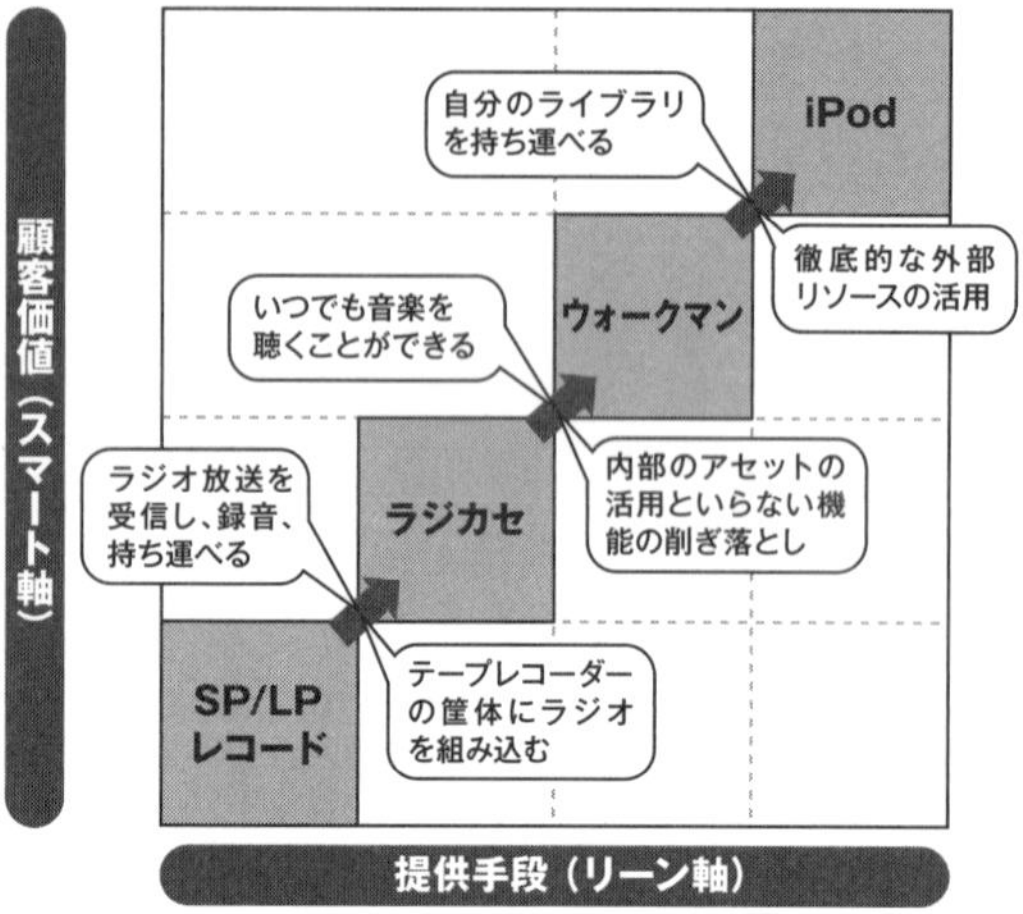
顧客価値（スマート軸）
iPod
自分のライブラリを持ち運べる
徹底的な外部リソースの活用
ウォークマン
いつでも音楽を聴くことができる
内部のアセットの活用といらない機能の削ぎ落とし
ラジカセ
ラジオ放送を受信し、録音、持ち運べる
テープレコーダーの筐体にラジオを組み込む
SP/LP
レコード
提供手段（リーン軸）

たとえば、ウォークマンというカテゴリーを、詳細にみてみましょう。そこでは、テープからCD、MD、そしてネットワークと、音源媒体の技術革新を取り込みながら、スマート軸、リーン軸それぞれにきめの細かい工夫がなされていることがわかるはずです。

同様にiPodをみてみましょう（**図10**）。アップルは、初代iPodの投入以来、iPod mini、iPod shuffle、iPod nanoと次々と新しい機種を繰り出してきました。そのたびに、スマート軸では、カラーの種類を増やしたり小型軽量化を進めることによってファッション性を高めています。一方リーン軸では、機能の削ぎ落としや調達コストの削減によって確実にカイゼンを積み重ねています。

図10　iPodの深化

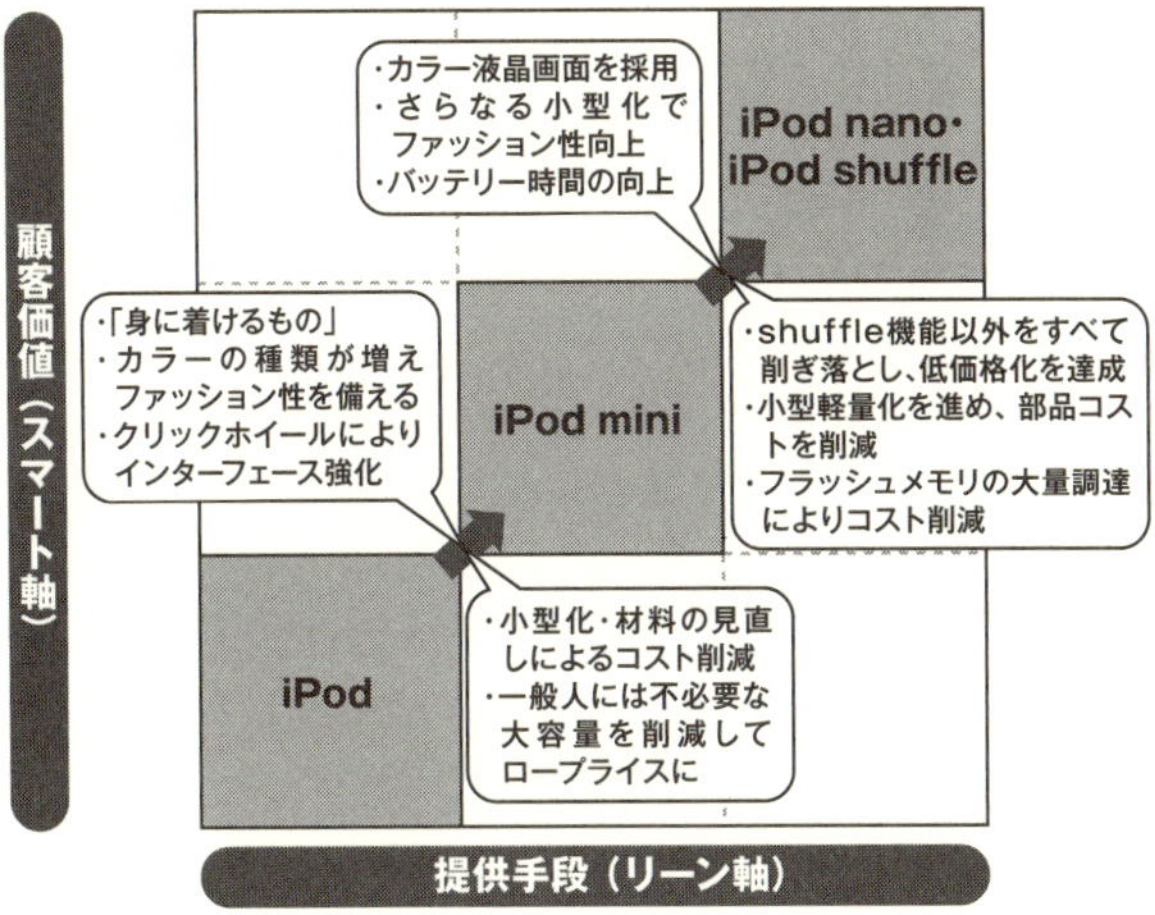
顧客価値（スマート軸）
提供手段（リーン軸）
iPod
iPod mini
iPod nano・iPod shuffle
・「身に着けるもの」
・カラーの種類が増えファッション性を備える
・クリックホイールによりインターフェース強化
・小型化・材料の見直しによるコスト削減
・一般人には不必要な大容量を削減してロープライスに
・カラー液晶画面を採用
・さらなる小型化でファッション性向上
・バッテリー時間の向上
・shuffle機能以外をすべて削ぎ落とし、低価格化を達成
・小型軽量化を進め、部品コストを削減
・フラッシュメモリの大量調達によりコスト削減

このように、新化と深化は入れ子構造で、不断のイノベーションを推し進めています。両者の関係が最も鮮烈に交錯するのが、世代交代の局面です。ウォークマンからiPodへのパラダイム・シフトは、第1章でもみたとおりです。

歴史は繰り返す。もちろん、iPodもいつまでも安泰ではいられません。事実、二〇〇七年の年末商戦の販売台数は前年比で五％しか伸びませんでした。このように成長が鈍化する中、アップルは、カメラやゲームの機能を搭載した最新機種iPod touchを世に送ったのです。タッチスクリーンや加速度センサーを組み込むなど、任天堂のDSやWiiを相当意識したつくりになっています。音楽携帯端末としてのiPodは、ゲーム機能を取り込んでさらなる「深化」を遂げつつあります。

しかし、いずれまったく新しいパーソナル・エンターテインメント端末が登場して、破壊的なパラダイム・シフトを起こしてしまうに違いありません。それがアップル自身なのか、グーグルなのか、任天堂なのか、それとも別のプレーヤーなのかは、まだ誰にもわかりません。

「深化」するコンビニ

この進化の重層構造は、サービスの世界においてもあてはまります。再びコンビニのケースをみてみましょう。

セブン‐イレブンが中小専門店やスーパーマーケットに対して、「新化」型のイノベーションを仕掛けたことは、第1章でみたとおりです。ただし、アメリカ本国のセブン‐イレブンのフォーマットをそのまま輸入しただけでは、利便性を多少訴求できたとしても、大きくはブレークしなかったでしょう。コンビニがここまで成長してきたのは、スマート軸、リーン軸それぞれにおいて、「深化」型の工夫が繰り返されてきたからです。

セブン‐イレブンを日本に導入した直後は、大きなロットで仕入れたため、在庫の山をつくってしまいます。そこで、契約は大ロットで行いながら、仕入先からの配送は小ロット化することにより、在庫問題を解消することができました。リーン軸上のカイゼンです。

しかし、仕入先ごとに小口配送をするため、一日に七〇台のトラックが各店舗に押し寄せる新たな問題が発生しました。そこで異なる商品を一括して運ぶ混載配送が考案され、配送コストを大幅に削減することができました。加えて、これまではメーカー別に配送されてきたため商品陳列にもばらつきがありましたが、一括混載によって規律のある陳列ができるようになったのです。その結果、顧客にとっては商品の一覧性が高く、選びやすいという体験価値を生み出すことができました。まさに、スマート・リーン型のイノベーションです。

発注プロセスにおいても、同じように二段階の深化が起こりました。当初各店舗からファックスで注文を受けていたため、膨大な手間がかかっていたのです。そこで発注端末を導入することで、受注コストを大幅に削減することができました。

その発展形としてPOSが導入されました。その結果、単に受注活動が自動化されただけではなく、「売れ筋」「死に筋」の把握ができるようになり、それによって、顧客にとっては「欲しい商品が必ずある」という体験価値を生み出す一方で、廃棄損失を抑えることが可能になったのです。これも、典型的なスマート・リーン型の深化です。

このケースでも明らかなように、必ずしも、常に一つの工夫がスマート・リーン両軸でのイノベーションを起こすとはかぎりません。単なるリーン軸上のカイゼンでしかないものであっても、それが次のスマート・リーン型イノベーションを生むためのステップとなることも少なくないのです。そのためには、常にスマート軸も念頭におきながら、カイゼンを積み重ねていくことを忘れてはなりません。

隣へのずらしによる「伸化」

「新化」と「深化」という時間軸上の二つの位相に加えて、対象を生態系の中の他の商品や事業に広げることによって、さらなる進化を図るという位相も考えられます。他の商品や事業に自社の強みを伸ばしていくという意味において「伸化」と呼びます。

たとえば、iPodの成功の本質は、「ライブラリを持ち出す」という新しい顧客体験を、手軽かつ廉価に提供する、ということでした。アップルはこのスマート・リーン型のモデルを、他の商品やサービスにも水平展開しています。

商品側の「伸化」としては、二年足らずの間に全世界で累計三〇〇〇万台以上を出荷したiPhoneが注目されます。電話に動画再生、カメラ、ゲームなどの機能が組み合わされて、「喜びを増幅させる」という新しい顧客体験をもたらしました。一方で、カメラのハード機能は最低限にしてコストを抑え、有料・無料ソフトをネットからダウンロードすることで、ユーザーが自分の思いのままにカメラを「深化」させることを可能にしています。既存の携帯電話やデジカメの概念を大きく超えた、スマート・リーン型のイノベーションです。

サービスへの「伸化」としては、ネットを通じてiPhoneに音楽をダウンロードするためのサービスとしてスタートしたiTunes Music Storeが典型的な成功例です。アルバム全部ではなく、自分の好きな曲だけを簡単にライブラリ化できるようになったことで、iPodの体験価値が飛躍的に高まりました。しかも、音楽業界のしがらみにとらわれずに、著作権を最低限のコストで保護することにより、廉価でのサービス提供が実現できたのです。このように、これまでのMDやCDなどの媒体メディアやMP3などの既存のネットメディアに対して、スマート・リーン型のイノベーションをもたらしたのです。

その後、iTunes Storeは音楽だけではなく、ポッドキャストと呼ばれるニュース・クリッピング、TV番組、映画など、多様な動画のジャンルを取り入れて「深化」していきます。これらの動画やゲームは、iPodでもiPhoneでも楽しむことができます。また、先述したiPhone用のカメラソフトも、App Storeに所狭しと並んでいます。

このように、アップルは、iPodの「新化」と「深化」の成功パターンを、多様な商品やサービスに「伸化」させていくことに成功しました。この三つの進化の位相を柔軟に使いこなせる企業は、非線形状の時間軸上でも、開放型の生態系という空間軸上の広がりにおいても、自由にイノベーションを展開し続けていくことができるのでしょう。

リクルートの拡業パターン

生態系の中での広がりをもたらす「伸化」は、ハイテク業界に限った話ではありません。ここでは、もう一つの事例として、リクルートを取り上げます。

リクルートの過去五〇年間の成長は、創業期の就職情報誌「企業への招待」の成功を基本モデルとしたものでした。後に「リクルートブック」という名前に変わったこの情報誌は、企業の求人募集情報だけをコンテンツとして編集したものです。当時は、企業から大学への求人募集は新聞広告が主体でした。そのため、学生側に就職情報を効率よく入手する場がなく、企業側も学生に直截的に求人情報を伝えるチャネルを持っていなかったのです。したがって、求人情報を網羅的、かつ検索性に優れた形で掲載したこの情報誌は、学生と企業双方の満たされぬニーズにずばり応えたものとなりました。まさにスマート軸上の「新化」です。

一方リーン軸上では、一般雑誌が記事を主体とするために中身が膨らむのに対して、純粋に広告だけをコンテンツとすることで編集コストを大幅に削減することができました。さらに、売上代金の一部を書店に還元することによって、販売チャネルを拡大したのです。このように、コストを抑えつつ規模の経済を獲得することで採算分岐点が下がり、企業側の広告掲載料を割安にするとともに大学生には無料配布するなど、価格を大きく下げることができました。

リクルートは、このビジネス・モデルを中途就職、住宅、結婚などの情報誌で「深化」させました。いずれも「人生の節目」の重要なイベントを捉えて、読者と広告主の間の情報ギャップを埋めることがスマート軸上の成功の方程式です。また、いずれも「広告だけの雑誌」というコンセプトで、記事を一切排除することによって、徹底的にリーンなコスト構造を実現したのです。このようにして同社は、情報誌ビジネスという新しい業態を創出しました。

リクルートはさらに、このビジネス・モデルを発展させて、「フリーペーパー」というジャンルを開拓します。「ホットペッパー」と「R25」です。

ホットペッパーは、特定地域の有益な生活情報と割引クーポンを掲載した無料の雑誌です。読者に対しては、自分の生活圏に関する密度の濃い情報を「無料」で提供します。一方、広告主にとっては、単価が安く、かつ顧客へのリーチ度が高い媒体であることから、地域の中小企業に高く訴求することができます。配布にあたっては、街角のラックに置いたり、アルバイトが駅前で手渡したりすることによって、コストを大幅に削減。このように「ホットペッパー」は、新聞の折り込みチラシに比べて、スマートかつリーンな地域生活情報媒体として、日本各地に広まっていったのです。

この狭域をターゲットとしたフリーペーパーを、より広域に広げたのが「R25」です。「R25」は、社会一般の広い話題の情報を網羅的かつ簡潔に集めることによって、読者にとっては、新聞や他の雑誌より短時間かつ無料で情報収集できる媒体となりました。また、既存のメディアでは広告が届きにくかったM1層（二〇～三四歳の男性）を幅広く読者とすることによって、大手企業を広告主として獲得することに成功しました。

このように、リクルートは創業時以来「深化」させてきた情報誌の事業モデルを、フリーペーパーの世界へと「伸化」させていきました。その際には、広告を「情報」として捉えなおし、情報の送り手と受け手のマッチングの場を廉価な手段で提供することで既存媒体を凌駕するというスマート・リーン型の「新化」モデルを常に踏襲しています。アップル同様、三つの位相の進化を巧みに使いこなして持続的な成長を続けている企業の好例といえるでしょう。

進化のメビウス

スマート・リーンが、「鏡の国」のように全速力で走り続けなければならない世界である以上、いかなるモデルにも完成形はありません。常に、三つの位相での進化の方向性を探り続けなければならないのです。ここで成功例として紹介したセブン‐イレブン、アップル、リクルートも、次なる進化を模索しています。

セブン－イレブンは、当面コンビニの「深化」に余念がありません。特に、公正取引委員会問題にまで発展した弁当の廃棄問題と加盟店への支援強化を二大テーマに据えて、真っ正面から取り組んでいます。

廃棄は、消費期限の長い商品の開発によって減らそうとしています。プライベート・ブランド「セブンプレミアム」シリーズのポテトサラダは、賞味期限を三〇日間と長く設定できたため、廃棄量が減り、しかも、冷蔵庫にストックしておける食材として、働く女性などに新しい価値を提供しています。スマート・リーン型の深化の最新例といえるでしょう。

加盟店への支援については、コンビニの本質を飽くことなく深化させることを標榜しています。「我々が理想とするのは、決められたチャージの中で、加盟店の手取りが増えるという方向だ」と同社の井阪隆一社長は語ります。「本部が開発する商品の魅力を高め、いつでも欲しい商品が揃っているというコンビニ本来の魅力をより高めていかなければならない。そのために商品開発だけでなく、製造や物流のイノベーションも同時に追求していく(2)」

またアップルは、携帯端末の次なる「新化」に挑戦しています。たとえば、最新のｉＰｏｄ

2「日経ビジネス」（二〇〇九年九月一四日）

touchは、これまでの携帯ゲーム機とデジカメを陳腐化させるほどの「新化」力を持っています。タッチパネルや三軸加速度センサーなどの入力装置は任天堂の二番煎じにすぎず、カメラの基本機能はデジカメよりはるかに劣るものの、ソフトの爆発力が半端ではありません。App Storeで紹介されているゲームソフトの本数は二〇〇九年三月時点で一万を超えており、同時期に一三〇〇程度のソフトが発売されているDSとは桁が一つ違っています。

これは、アップルがソフト開発環境とハードの仕様を公開したため、外部のソフト制作者が面白いアプリを競うようにアップしてくる仕掛けになっているからです。ネットを介してソフトを調達し流通させるオープンな市場メカニズムを確立したことにより、アップルは携帯端末の進化のスピードそのものを劇的に「新化」させようとしています。

リクルートは、さらなる「伸化」を目指して、ウェブ事業を加速しています。二〇〇三年に媒体事業全体の二〇％弱だった同事業は、二〇〇八年には三五・三％にまで伸び、有料情報誌（二九・一％）フリーペーパー（三五・五％）と肩を並べるまでに成長しています。紙媒体からネットへのシフトが進む中で、同社は転職情報雑誌の「とらばーゆ」と「ビーイング」を休刊し、ネットへの移行に踏み切りました。

ウェブ事業のほうでも、転職者向けサイト「リクナビネクスト」で、応募者の数によって広告収入を得る成果課金型サービスに踏み切るなど、新しい事業モデルを積極的に導入しています。一方で、ウェブ事業の収益性向上も喫緊の課題です。「今期は業務フローを再度見直して固定費を大きくおとしていく[3]」と柏木斉社長も、さらなるリーン化への強い意気込みを表明しています。

このように三者三様ながら、いずれも次世代の成長に向けて、現状に満足することなく、さらなる進化を模索しています。分子生物学の世界では、生命とは、「**動的平衡**」、すなわち、常に変化している状態を保ったシステムであるとされます[4]。スマート・リーン経営は、まさにそのような「動的平衡」を求め続けるモデルです。したがって、スマート・リーン経営を目指すためには、メビウスの輪のような進化の永久運動を体質化する必要があるのです。この運動論・組織論については、本書の後半で詳述します。

「競争」「協創」「共層」という資産の三層構造の話が出た後で、今度は、「深化」「新化」「伸化」という進化の三つの位相が登場しました。語呂遊びが続くようで恐縮ですが、進化のダイナミズムを立体的に捉えるフレームワークとして有効です。皆さんの企業の進化の機会や課題を考えるうえで、ぜひ活用していただきたい。

3「週刊東洋経済」（二〇〇九年六月一三日）
4 福岡伸一著『動的平衡—生命はなぜそこに宿るのか』（木楽舎、二〇〇九年）、同『生物と無生物の間』（講談社、二〇〇七年）などを参照

ここでは、ユニクロがスマート・リーン経営を進化させるうえで直面している機会と課題を、この三つの位相に沿って概観してみましょう。

ユニクロの飽くなき挑戦

スマート・リーン経営の旗手ユニクロも、二〇二〇年に売上高五兆円の世界一の座を目指すうえで、いくつもの大きなチャレンジを乗り越えていかなければなりません。三つの進化の軸に沿って、ユニクロが今後進もうとしている方向を俯瞰してみましょう。

本業の日本でのアパレル事業においては独走状態のユニクロですが、「深化」の手を緩めていません。たとえば、単品からコーディネートへの転換。二〇〇五年にR&D（商品開発）本部を新設して以来、コーディネートを重視した品揃えを増やしています。その狙いは、顧客に対して「ライフスタイルに合った着こなし」という新しい体験価値を提案することです。一方で、アイテム数が増えると、在庫が増えたり、欠品による機会ロスが出るリスクが高まるため、サプライチェーンのさらなるリーン化が必須となります。

ユニクロは「再ベンチャー化」を事業構造改革の三つのキーワードの一つとして掲げていますが、今のユニクロの事業モデルそのものを、新しい高みに「新化」させることが狙いです。

ユニクロが目指す姿は、R&D本部から販売の現場までが完全に同期したモノづくりで、柳井CEOは、こう語ります。

「商品開発面でも、本部と店舗が有機的、双方向的につながらない限り、(次世代SPAなんて)できっこない。これまでのSPAではそういうことは不可能だった。しかし現在のITとか通信技術を活用すれば、システムとしてそれができるはず。早急にこれを構築しないと、(国内でも国外でも)勝者になれないと思っている[5]」

「再ベンチャー化」に続く二つのキーワードは「グローバル化」と「グループ化」です。これは、ユニクロが目指す「伸化」の二つの方向です。

ユニクロのグローバル化は、試行錯誤の連続です。二〇〇一年に初めて海外に出店したロンドンでは、店舗管理が徹底せず大失敗。二〇〇二年に進出した上海は、その失敗を生かしてうまく立ち上がったものの、その後横展開した北京では、現地の値頃感に合わず撤退。また、二〇〇五年に進出したニュージャージーでも、安物イメージが先行して苦戦のすえに閉鎖。

しかしその後、ロンドン、北京、ニューヨークでも、旗艦店を出店して再スタートを切っています。また、ファッションの本場フランスでも二〇〇九年一〇月に旗艦店がオープン、大盛

---

5 月泉博著『ユニクロ vs しまむら』(日本経済新聞社、二〇〇六年)

況となっています。まさに「一勝九敗」を地でいくような、失敗から学ぶ取り組みです。

「日本企業である我々がやるべきビジネスとはどういうものか」という問いに答えることこそ、グローバルなブランドとして通用するための基本だと柳井CEOは語ります。[6] ユニクロ一流のブランド価値をグローバルに通用させるためには、マーチャンダイジングなどの川上から店舗マネジメントなどの下流に至るまで、世界標準化と現地化のバランスを絶妙にコントロールした次世代スマート・リーン経営モデルの確立が求められています。

「伸化」のもう一つのテーマである「グループ化」も、これからが正念場です。ユニクロは事業領域の拡大を目的として、二〇〇三年以降矢継ぎ早にM&Aを展開してきました。国内では、靴小売りの「ワンゾーン」、婦人靴専門の「ビューカンパニー」、婦人服の「キャビン」などの関連事業が中心です。この中ではキャビンは順調ですが、業績不振の「ワンゾーン」と「ビューカンパニー」は、ユニクロの廉価版ブランドである「ジーユー」と統合して、抜本的な再建を進めています。ユニクロのスマート・リーン経営のノウハウを、いかにこれら買収先の関連事業に移植できるかが問われているのです。

一方、海外では、アメリカの「セオリー」、フランスの「コントワー・デ・コトニエ」と「プリンセス タム・タム」など、グローバル・ブランドを中心にM&Aをしています。単独事業としてはそれぞれ収益に貢献していますが、グループ全体としてのシナジーをいかに追求するかは、これからの課題です。

「自社での出店だけで地道に成長を続けて売上高を一兆円に引き上げることも可能だと思うが、時間がかかりすぎる」と、柳井CEOは語ります。「国内で買収したのは企業再生が必要な不振会社が中心だが、言語や文化が違う海外で不振会社を立て直すつもりはない。高収益のいい会社を買って一緒に成長したい(7)」

そのためには、国境を越えて異質なものとの新結合を実現し、双方がバリュー・アップしていく新たな経営手法を編み出していくことが課題となるはずです。

このように、ユニクロは、単品からコーディネートへ、日本から海外へ、そして日用衣料品から関連事業へと、裾野を大きく広げようとしています。

＊＊＊

「コンセプトはもういい。いったいどうやってスマート・リーンを実践していけばいいのか教えてほしい」

クライアント企業とスマート・リーン経営の議論を進めていくと、必ず最後にこんな質問が

6「日経ビジネス」(二〇〇九年六月一日)
7 日本経済新聞(二〇〇八年四月一九日)

出てきます。「スマートかリーンか」ではなく、「スマートかつリーン」。「内か外か」ではなく、「内と外の間（協創）」。「持続するのか、破壊するのか」ではなく、「持続しつつ（深化）、破壊しつつ（新化）、かつ、拡張する（伸化）」。どれも、デジタルにスパッと割り切れず、なんだか、禅問答みたいに思えてくるのでしょう。

確かに、スマート・リーン・モデルは、論理で切っていく西欧的な合理主義では到達しえず、全体を大きな系として受け止めなおす東洋的な悟りの境地を目指す必要があるようです。そのためには、頭でわかっただけではダメで、実践の中から体得していくしかなさそうです。

そうはいっても、無手勝流で始めたのでは、悟りへの道のりは遠すぎます。どういう仕掛け、どういうステップで実践していくと、スマート・リーン経営に少しでも近づけるかがわかれば、実務家としては心強いはずです。

次章以降では、ここまで論じてきたスマート・リーン・モデルを、実際に実践していくための方法論について、解明していきたいと思います。次世代成長への本当の道のりは、実はこの先にあります。

第4章
成長を駆動する組織要件

第1章から第3章まで、次世代の成長を目指すうえで、スマート・リーン経営が有力な解となりうることを論じてきました。ここまでは、概念的な話です。ここからは、実際の組織の中に、スマート・リーン経営をいかに体質化し、どう実現していくか、という実践論を取り上げていきます。

本章では、スマート・リーン型の成長を全社で駆動するうえでの基本要件を抽出します。多くの企業はそれぞれの組織のクセを持っており、その結果、成長に必要な組織要件をすべてバランスよく活用できていません。実践の準備運動として、まず、この組織要件の点検から始めましょう(1)。

1 第4章から第7章の組織論の一部は、名和高司著「成長機会を取り込み組織イノベーション」(『日経ビジネスマネジメント』Summer 二〇〇八年)にも掲載

図11　通常の事業開発プロセス（表面的な縦横運動）

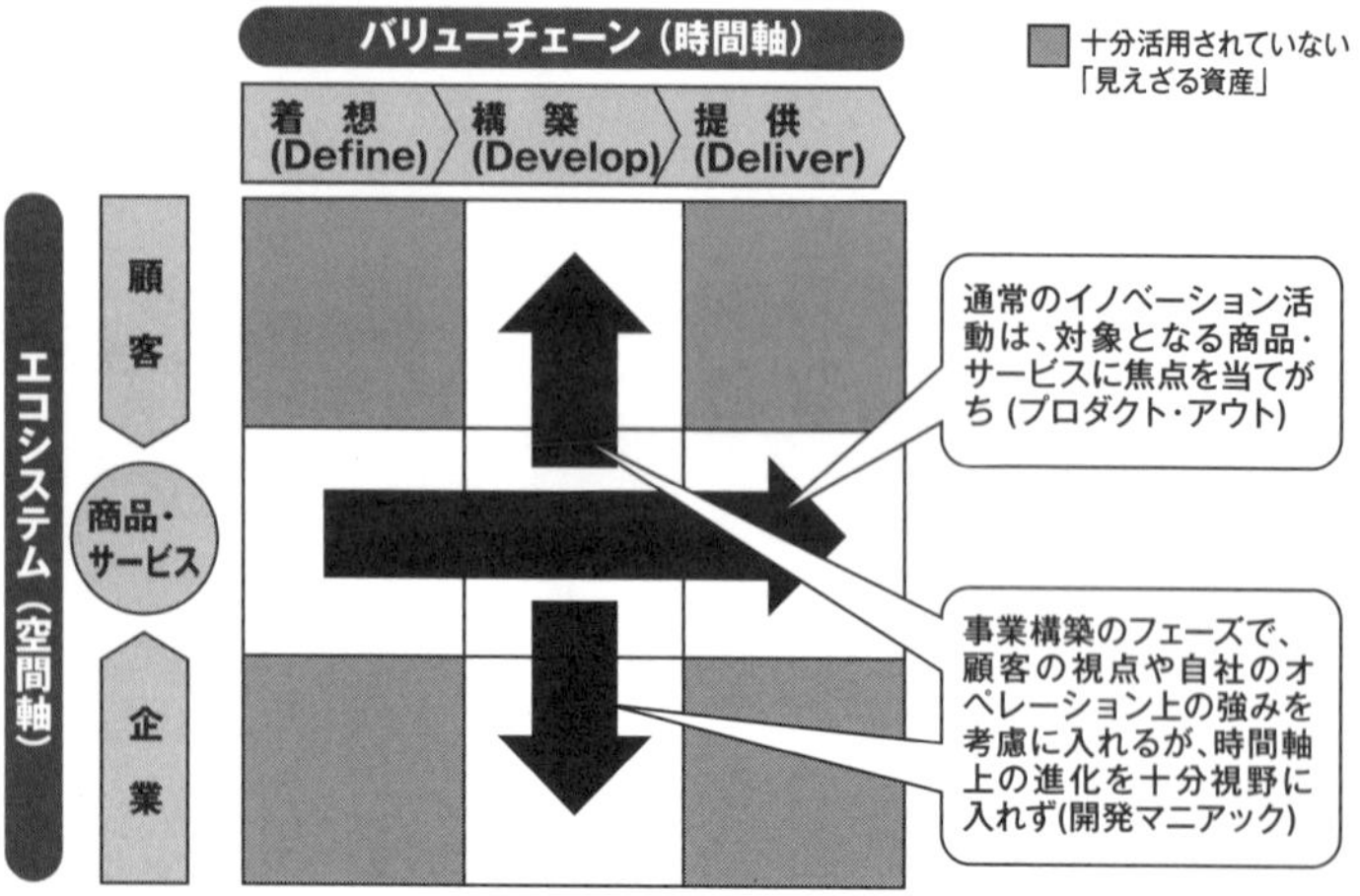
バリューチェーン（時間軸）
十分活用されていない「見えざる資産」
着想 (Define)
構築 (Develop)
提供 (Deliver)
エコシステム（空間軸）
顧客
商品・サービス
企業
通常のイノベーション活動は、対象となる商品・サービスに焦点を当てがち（プロダクト・アウト）
事業構築のフェーズで、顧客の視点や自社のオペレーション上の強みを考慮に入れるが、時間軸上の進化を十分視野に入れず（開発マニアック）

組織運動のトポロジー

ここでは、企業活動を大きく空間軸と時間軸という二つの軸で捉えなおしてみます。

縦軸に空間軸をとると、顧客と自社、そしてその接点となる商品・サービスという市場空間上の三要素で構成されます。横軸には時間軸をおくと、着想・構築・提供という事業の時間軸の三つのステップで構成されてます。この3×3のマトリクスが、企業活動の舞台です。

コンサルティングの現場で、イノベーション、事業開発、成長戦略などというテーマで仕事をする際に出くわす光景を、このマトリクスに示してみましょう。多くの場合、この九象限の時空間を全部活用せずに、真ん中の十字型の領域に閉じて活動しがちです（**図11**）。

まずは、次世代の商品やサービスのコンセプトを思いつきで着想する。このときには、顧客の視点も自社の能力も、十分配慮されていないことが多いようです。したがって、当然アイデア先行となり、この段階では事業としての成功の確率は極めて低いものとなります。

事業を構築する段階になると、さすがに顧客にとっての価値や、自社の資産の活用方法を検討します。そして、それを踏まえて、商品・サービスの機能やデザインのつくり込みや事業モデルの設計が行われます。ここが成長事業をつくり込む際の勝負どころとばかりに、力が入るものです。

そして、実際の事業の運営の段階に移ると、粛々と商品やサービスを提供する活動に勤《いそ》しむ。当初の事業計画どおりに進めばよし、もし下振れするようであれば、ワンステップ戻って、事業計画を見なおすことになります。

この運動には二つの問題点があります。

一つ目は、空間軸において、顧客や自社独自の視点を十分持たずに、商品・サービスのつくり込みに注力しがちな点です。俗に「プロダクト・アウト」といわれる現象で、図でいうと「横軸運動」にあたります。

二つ目は、時間軸において、「構築」のところに集中しすぎて、着想と提供という前後のプロセスがなおざりになりやすい点です。「開発マニアック」とでもいうべき現象で、図でいうと「縦軸運動」にあたります。

この「縦横運動型」モデルが、十分活用できていないのが、図の四つの隅にあるボックスです。筆者のコンサルティングの経験では、実は、この四隅のボックスにこそ、顧客価値を高め（スマート）、かつ、トータルコストを下げる（リーン）ための要件が眠っているのです。プロダクト・アウトで開発マニアックな縦横運動を続けているかぎり、スマート・リーン経営には近づけません。

四つの「見えざる資産」

では、これらの四隅にはどのような資産が眠っているのでしょうか。わかりやすい順に、右下から左周りで一つずつみていきましょう**（図12）**。

まず右下のボックスを「**事業現場**」と呼びます。ここは、企業が商品やサービスを顧客に提供する際に運営しているオペレーションすべてを対象としています。調達、生産、販売、物流などの個別の機能や、これらを一貫して運営するサプライチェーンの仕組みなどがこれに含まれます。トヨタ生産方式などで「現場」というときには、このボックスを指しています。

図12　イノベーションの<4+1>Box

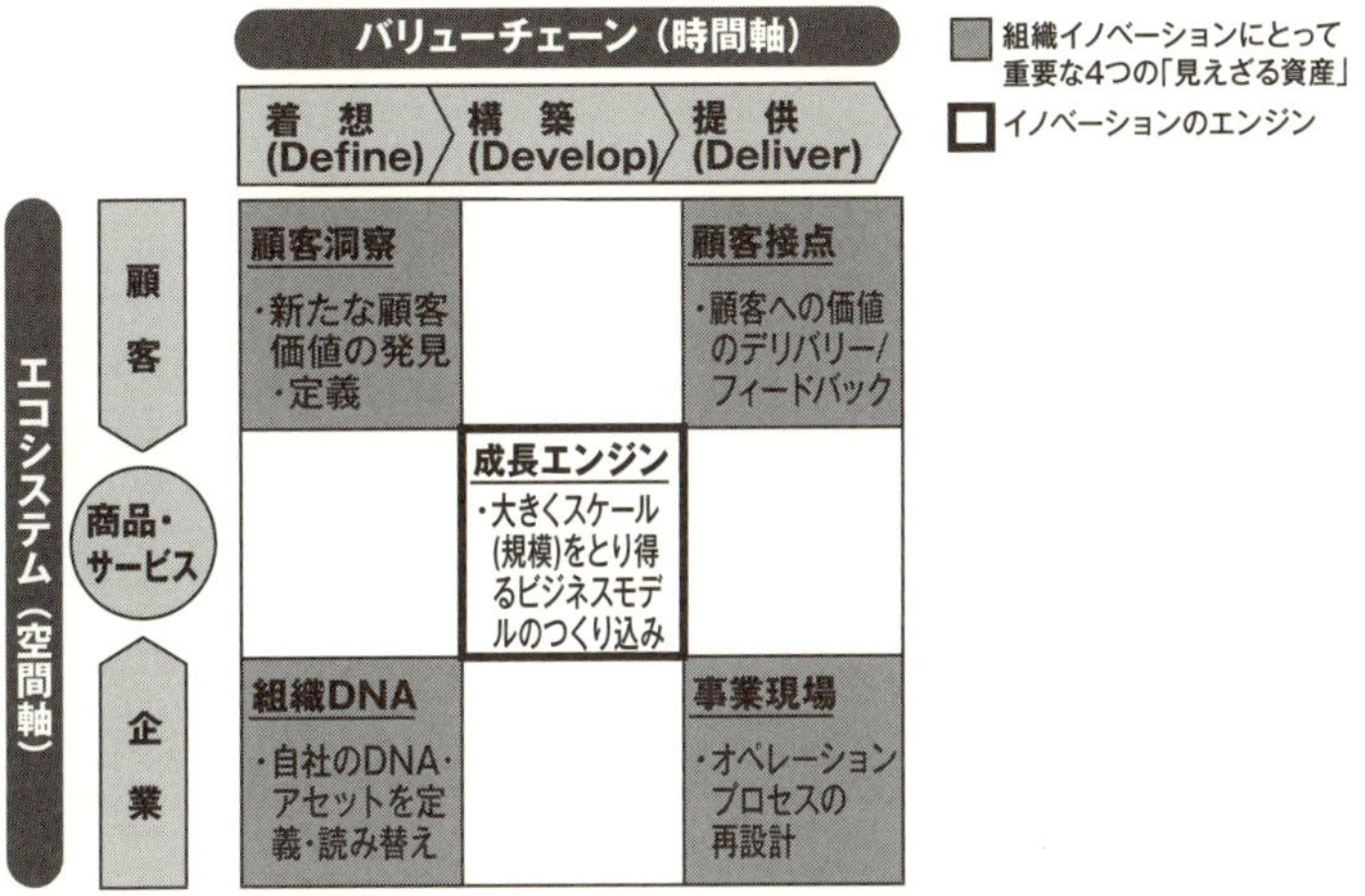

ここはまさに、現場の知恵の宝庫です。トヨタが「現場の見える化（可視化）」を通じて、オペレーションのカイゼンを飽くことなく追求していることはよく知られています。トヨタ生産方式が欧米では「リーン・マニュファクチャリング」と紹介されているとおり、第3章でご紹介した「深化」型リーン化の腕の磨きどころです。

　右上のボックスは、「**顧客接点**」と呼びます。顧客に価値を伝達し、顧客から体験価値のフィードバックを受ける双方向のプロセスを指します。顧客に価値を伝達するプロセスには、情報の提供、商品・サービスの提供、利用を通じた新たな体験の提供などが含まれます。一方、体験価値のフィードバックには、利用体験、苦情や要望などが含まれます。

ここはまず、顧客が価値を体験する現場として、「スマート化」の最大の見せ場となります。どれだけすばらしい顧客価値を仕込んだところで、顧客に価値を体感してもらえなければ、意味がありません。また、手間や不便さを含めて、顧客にとってのトータルコストをいかに最小化するかという「リーン化」の知恵の絞りどころでもあるのです。

顧客接点の見えざる資産としての価値は、顧客からのフィードバックにあります。顧客が購買のプロセスにおいて、どのような行動をとっているかをつぶさに観察します。想定外の行動をとっている場合、それ自体が次のイノベーションのネタになることが少なくありません。また、第2章でユニクロのケースを紹介したように、顧客からのクレームも宝の山です。

さらに、購買プロセスの中で、いかに「漏れ」が発生しているかを理解することも重要です。セブン‐イレブンは、POS情報で顧客が何を買ったかを知るだけでなく、店の中での動線（顧客の足取り）を分析することによって、顧客がどういう行動の結果、何を、なぜ「買わなかったのか」を理解しようとしているのです。

さて、今度は目を左上に転じましょう。ここは「**顧客洞察**」と呼ばれるボックスです。顧客が本質的に求めている価値を抽出するプロセスを指します。これは、次のスマート軸を見つけ出すうえで、極めて重要なプロセスとなるのです。たとえば第2章でご紹介したように、任天堂が「二一世紀型の家族の団欒」を新たなスマート軸に据えてWiiの成功を導いたのは、日常体験に関する深い顧客洞察に基づいたものでした。

しかし、単なる思いつきや天才的なひらめきに頼っても、成功する確率が低く、たとえ成功しても再現性がありません。かといって、むやみに市場調査を行っても、そこから「洞察」が後づけで生まれることはまずないでしょう。

ここでも重要なことは、市場の中での顧客の利用シーンや行動をつぶさに観察し、顧客の声としては表面的には表れてこない「本音」をつかみ取ることです。たとえば、任天堂も、親が子供のゲーム浸りを快く思っていないことを察し、「家族の誰からも敵視されない」というコンセプトに切り替えて、Ｗｉｉの開発に踏み切ったのです。

では、最後に左下のボックスです。ここは「**組織ＤＮＡ**」と呼ばれるボックスです。自社固有の価値観、思考様式、行動規範などを指します。ハーバード大学のゲイリー・ハメル教授とミシガン大学のＣ・Ｋ・プラハラード教授が唱える「コア・コンピタンス[2]」の本質的な部分も、ここに含まれます。

ＤＮＡは、企業の原体験の中から純化され、その組織に深く根ざしたものです。強弱の差はあるものの、あらゆる企業がその企業特有のＤＮＡを持っています。ＤＮＡが強い企業では、

2 ゲイリー・ハメル、Ｃ・Ｋ・プラハラード著『コアコンピタンス経営』（日本経済新聞社、一九九〇年）

あまりにも体質化されているため逆にあらためて自覚されていないこともあるでしょう。一方、普通の企業では、歴史の中でＤＮＡが風化し、今となっては深く意識されていないことが多いようです。しかし、企業が認識しているか否かにかかわらず、どの企業にも歩んできた歴史とともに、組織ＤＮＡが根づいているはずです。それを覚醒させ、読み解くことから始める必要があります。

●――ＤＮＡの二つの螺旋構造

企業のＤＮＡは、二つのタイプに大別されます。静的ＤＮＡと動的ＤＮＡです。

静的ＤＮＡは、本業の特性と密接に結びついた価値観や思考様式、そしてそこから生まれる作法や行動パターンを指します。企業の独自性が非常に高く、時代の流れ（流行）によっても変質しない（不易）普遍的な特性で、第３章で議論した「深化」や「伸化」を進める際の原動力になります。ただし、ＤＮＡは「免疫力」も強いため、破壊的な「進化」を起こそうとする際には、むしろ制約になることもあります。

一方、**動的ＤＮＡ**は、組織体に継続的な変化をもたらす行動規範を指します。企業を超えて、優良企業に共通してみられる特性です。市場構造の変化を前向きに捉え、未開拓の市場に飛び込むリスクをとることを、組織全体に促す役割を果たします。したがって、継続的に「進化」を駆動していく際の起爆剤となるのです。

静的DNAだけでは、「イノベーションのジレンマ」に陥りやすいものです。かといって、動的DNAだけでは、組織体として常に不安定で、拡大再生産による規模の経済や拡業による範囲の経済を育むことができません。企業が持続的に成長するためには、この両タイプのDNAが求められるのです。具体的な企業の事例で、この二つのDNAの構造を解読してみましょう。

トヨタは、強烈なDNAを持った企業として、よく知られています。[3] トヨタの静的DNAは、一言で言うと「仕組みづくり」です。垂直統合によるすり合わせ型のモノづくりのための仕組み（TPS）と、それを大きなスケールで実現するために生態系を回す仕組み（ケイレツ）がその典型的な産物です。根っからのクルマ好きの集団であるホンダの静的DNAが、純粋に「クルマづくり」であるのと好対照です。

一方、トヨタの動的DNAは、一言で言うと「本質を突き詰める」ことにあります。「Wh

3 大薗恵美、清水紀彦、竹内弘高著『トヨタの知識創造経営』（日本経済新聞出版社、二〇〇八年）、H・トーマス・ジョンソン、アンデルス・ブルムズ著『トヨタはなぜ強いのか』（日本経済新聞社、二〇〇二年）ほか

yを五回繰り返せ」「真因を探せ」「者に聞くな、物に聞け」など、トヨタ一流の本質に迫る語録は、大野耐一氏以来、脈々と受け継がれています。「腹オチしない（腑に落ちない）」という言葉も、トヨタ人の口癖になっています。このような動的DNAによって、トヨタは既成概念にとらわれず、新しい現実を常に見据えようとしているのです。

リクルートも、独特のDNAを持った企業です。[4] 同社の静的DNAは、「情報の結節点になる」ことです。情報の送り手と売り手をマッチングする市場をつくることが、同社の基本的な目の付けどころであることは、第2章でも紹介したとおりです。

一方、リクルートの動的DNAは「白地市場の開拓」となります。「自ら機会を創り出し、機会によって自らを変えよ」という社訓のもと、未知の市場を切り拓いていく勇気を持つことがリクルート人の行動規範となっています。また、「わからないことはお客様に聞く」ことを貫くことによって、前例にとらわれずに、常に顧客視点で真実を捉えなおそうとしています。

トヨタやリクルートほど強烈ではないにしても、セブン‐イレブン・ジャパンにもイトーヨーカ堂から受け継いだDNAが脈打っています。同社の静的DNAは、「基本に忠実」です。中小小売の立ち位置を常に意識して、生産性や地域性にこだわり続ける。また、正札販売や取引先に返品しない、といった基本理念に忠実であろうとします。理念にこだわるあまり、正札販売に関しては、一部のフランチャイズとの間で係争にまで発展したことは記憶に新しいところです。

一方、セブン‐イレブン・ジャパンの動的DNAは「実践から学びなおす」ことです。たとえば「ひらがなで考える」[5]。本を読んだり聞きかじって得た知識ではなく、実践を通して身についた知恵を生かそうという教えです。また、「お客様の変化をよく見極めてすばやく対応する」ことも、常に顧客視点で進化を促す行動規範となっています。

この三社の例からも、静的DNAと動的DNAが二つのからみ合った螺旋のように、絶妙な相互補完関係にあることがおわかりいただけるでしょう。また注意深い読者は、三社は三様の言い回しを使ってはいるものの、動的DNAは、まったく業態の違う三社に共通した、普遍性の高いものであることにも気づかれたことと思います。

DNAの読み解きと読み替え

ここで紹介した各社のDNAは、何も明文化されたものではありません。四つの「見えざる

4 江副浩正著『リクルートのDNA：企業家精神とはなにか』（角川書店、二〇〇七年）
5 伊藤雅俊著『ひらがなで考える商い』（日経BP社、二〇〇五年）

資産」の中でも、自社の内奥に潜んでいるDNAが実は最も見えにくいものです。したがって、DNAを解読する作業が必要となります。

「自分探し」の出発点は、本業の歴史を紐解くことです。温故知新。トップへの就任が決まったときや、大きな決断を迫られたときに、社史や社訓、創業者や中興の祖の語録などに立ち戻る社長が少なくありません。パナソニックの中村邦夫前社長は「中村改革」の当初、「破壊」を断行する際に、創業者である松下幸之助氏の語録を何度も読み返したといいます。また、今回の危機を乗り越えるにあたって、トヨタの豊田章男新社長が「原点回帰」を唱えているのも、強かったはずのトヨタのDNAを覚醒させることに狙いがあるのでしょう。

さらに、独りよがりに陥らないようにするために、顧客の視点から自社のDNAを読み解きなおす必要もあります。この際には、現在の顧客と将来の顧客という二つの視点から、まさに「複眼的」に読み解くことが効果的です。

まず、現在の顧客であるロイヤル・カスタマーが自社の商品やサービスを利用するうえで、どこに他社にはない価値や愛着を感じ、逆にどこに改善の余地を感じているかを洗い出す。同様に、将来の顧客であるポテンシャル・カスタマーに関しても、どのような価値や驚きを提供すれば自社の商品やサービスを利用してくれるか、あるいは、今の状況にどのような不便を感じているかを見極めます。

　そのうえで、このような訴求点に磨きをかけ、問題点を本質的に解決するために、自社のいかなる潜在的な強みを活用するかを考え抜きます。そのプロセスの中で、自社の見えざる資産としてのＤＮＡの本質が浮かび上がってくるはずです。トヨタの豊田新社長が、「顧客の現場から発想せよ」と言い始めているのも、この顧客視点に立ち返って自社の強みを読み解きなおすことに狙いがあるものと思われます。

　ただし、その際には、ＤＮＡを表面的な強み・弱みとして捉えるのではなく、その根っこにある価値観や思考様式、行動規範のレベルまで掘り下げて捉えなおすことがカギとなります。また、価値創造を行ううえで制約となりうる静的ＤＮＡを抑制したり、社内に不足している核となる資産を増強する際には、動的ＤＮＡをフルに活用する必要があります。このように、二つのタイプのＤＮＡを読み解き、読み替えることが、次世代成長を目指すうえで、極めて重要な準備運動となります。

　たとえばトヨタでは、自社のＤＮＡの読み解きと読み替えに、三カ月もの時間をかけています。パナソニックでは、中村改革の後半、「破壊」から「創造」に向けて大きく舵を切る際に、顧客視点から見た自社ＤＮＡの本質を「ブランド価値」という切り口から見極めなおす作業に、半年以上をかけていたのです。

DNAを基軸とした「マーケット・アウト」

DNAを見極めるうえで顧客視点が重要な示唆を与えてくれますが、逆に、顧客洞察を深める際には、今度は自社のDNAが大きな役割を担います。なぜなら、顧客からのフィードバックを顧客洞察にまで掘り下げるためには、その裏側にある本音を見極め、自社として何をすればその本音により本質的に応えることができるかを考え抜く必要があるからです。

そもそも、DNAのレベルで深く理解し、読み解くことができないかぎり、いかに優れた顧客洞察も、自社にとって能動的にかかわっていける対象になりえません。言い換えれば、自社のDNAレベルで認識できないかぎり、顧客に関するあらゆる情報は、本質的に意味がありません。認知科学的にいえば、深く「認識」できないものは、価値レベルで操作することは不可能なのです。

マーケティングの教科書では、プロダクト・アウトに対して、マーケット・インがもてはやされています。しかし、「顧客の声」をひたすら収集してみたところで、自社のDNAの琴線に触れないかぎり、イノベーションの源泉にはなりえません。市場の声を受動的に受け入れるのではなく、自社のDNAレベルでその本質を読み解き、自社のDNAのパワーが発揮できるように読み替えることによって初めて、自社ならではの顧客洞察になるのです。プロダクト・アウトでもマーケット・インでもなく、「**マーケット・アウト**」（自社のＤＮＡに基づく顧客の潜在需要の読み解き・読み替え）とでもいうべきプロセスです。

携帯ゲーム端末における、ソニーと任天堂の顧客洞察のプロセスを比較してみましょう。

ソニーがプレイステーション3に「セル」を搭載して高精細化を目指したことを、「プロダクト・アウト」と片づけるのは単純すぎる見方です。当時は大画像テレビの普及が見込まれており、これからのゲームは高精細だというのが大方の市場予測でした。また、実際プレステのロイヤル・カスタマーは、より高性能なマシーンの登場を心待ちにしていたのです。ある意味では、顧客目線での「マーケット・イン」でもあったはずなのです。

一方任天堂は、同じ状況をまったく違う見方で観察していました。彼らが長期的な目線で気にしていたことは、一部のロイヤル・カスタマーを除くと、ゲームがいずれ飽きられてしまうことでした。「絵がきれいになっただけでゲームから離れたユーザーが戻ってくるとは思えない」と任天堂の岩田聡社長は語ります。[6]そもそもゲームから離れていったユーザーをいかにつなぎとめなおすかが、任天堂がＷｉｉ導入を着想する際の顧客洞察の出発点となったのです。

6「週刊東洋経済」（二〇〇九年四月二五日）

「私はゲーム人口を拡大したいとの考えから、〝五歳から九五歳〟というキャッチフレーズを社内で言い続けていました。すると、商品を作っているスタッフが〝五歳から九五歳に受け入れられるのか〟ということを自問自答してくれるようになった。**普段ゲームを触らない人が理解するためのこだわりについては、任天堂は強いつもりです**」[7]（太字、筆者）

こうして、任天堂はDSに続きWiiで、新しい市場、新しい顧客を掘り当てる。まさに「マーケット・アウト」の典型的な成功例です。

このように、「見えざる自社資産」としてのDNAと、「見えざる顧客資産」としての顧客洞察は、お互いを読み解き、読み替えていくうえで、相互補完的な関係にあります。この顧客と企業の「創発」のプロセスこそ、イノベーションが点火される際の最大の起爆剤となるのです。

成長エンジン

さて、こうしてイノベーションが点火された後は、いよいよエンジンを全開にしていかなければなりません。四つのボックスに囲まれた真ん中の箱が、スマート・リーン・モデルの「成長エンジン」にあたります。

ここは、まさにイノベーションのど真ん中であり、どの企業も最も力を入れるところです。この章の冒頭でご紹介した「縦横運動型」の場合でも、十字の交点になっています。

しかし多くの場合、通り一遍の商品開発やオペレーションの設計に終始してしまいがちです。たとえば、マーケティングの教科書でいう4Pの検討。あるいはサプライチェーンなどのデリバリー・モデルの構築。スマート・リーン型のイノベーションを目指す際には、この4Pの中に「スマート性」が、デリバリー・モデルの中に「リーン性」がそれぞれしっかり埋め込まれるように工夫する必要があります。

ただし、それだけだとまだ、ニッチなビジネスに終わってしまうことが多いのです。事業として大きく成功するためには規模を大きくする（スケール）ための仕掛けを埋め込むことが必須となります。

その際のポイントは二つ。一つは、事業モデルを拡大再生産しやすくするための自社独自の仕組み（プラットフォーム）を築くこと。もう一つは、他社の資産を徹底的に活用（レベレッジ）することです。

たとえばセブン‐イレブンの場合、フランチャイズされた店舗やきめ細かく張り巡らされた

7「週刊東洋経済」（二〇〇九年四月二五日）

物流網をプラットフォームとして、メーカーとプライベート・ブランドを共同で開発したり、金融機関や宅配業者のサービス代行をしたりすることで、事業の裾野を広げています。また、リクルートは、駅やコンビニに自社専用のラックを常設することにより、無料情報雑誌のチャネルをきめ細かく確保することができました。さらに、アマゾン・ドット・コムの場合、ネット書店として顧客を集客したうえで、CDやビデオなど書籍に近い商品から、ガーデニング用品、食品、ペット用品、家電まで、幅広い商品に購買誘導することで、収益源の多重化を図っています。いずれも、自社でプラットフォームを築きつつ、他社の資産を活用して規模が出せる事業モデルを設計している点で、共通しています。

コンサルティングの現場では、「事業モデルをいかに設計するか」というご相談をよくいただきます。それぞれの事業ごとに綿密に考え抜く必要があるのは当然です。ただ、その際の共通したチェックポイントは、規模を拡大させるために、何をプラットフォームとし、いかにレベッジをかけるかの二点です。

事業モデルの本質は、できるだけ固定費を上げずに、収益の多重化を図ることにあります。この真ん中のボックスでは、そのような「成長エンジン」をいかに埋め込むかが知恵の絞りどころとなります。

◉――〈4＋1〉ボックスがもたらす持続成長

　ここまで、五つのボックスについて詳しくみてきました。まず、四隅のボックスに隠された見えざる資産としての事業現場、顧客接点、顧客洞察、組織DNA。そして、真ん中のボックスが、これら四つの資産を活用して、スケール感のある事業開発を駆動する成長エンジンです。これら〈4＋1〉ボックスが、スマート・リーン型の成長を実現するうえで、必要不可欠な組織要件となります。

　ここでは、アップルを例にとって、この〈4＋1〉ボックスを検証してみましょう。(8)

①顧客接点

8　アップルの事例に関しては、ジェフリー・S・ヤング他著、井口耕二訳『スティーブ・ジョブズ――偶像復活』（東洋経済新報社、二〇〇五年）、オーウェン・W・リンツメイヤー、林信行著『アップルコンフィデンシャル2・5J』上・下（アスペクト、二〇〇六年）、伊藤伸一郎著『AppleジョブズのｉＰｏｄ革命』（ぱる出版、二〇〇六年）、スティーブン・レヴィ著、上浦倫人訳『ｉＰｏｄは何を変えたのか』（ソフトバンククリエイティブ、二〇〇七年）、リーアンダー・ケイニー著、三木俊哉訳『Inside Steve's Brain スティーブ・ジョブズの流儀』（ランダムハウス講談社、二〇〇八年）、林信行著『アップルの法則』（青春出版社、二〇〇八年）、大谷和利著『ｉＰｈｏｎｅをつくった会社』（アスキー新書、二〇〇八年）などを参照他の家電メーカーやIT企業と異なり、アップルは顧客とダイレクトに接する場を持っています。物理的なチャネルとしてのアップルストアでは、顧客にアップルの世界を存分に体感してもらうことができます。また、バーチャルチャネルであるiTunesは、ソフトやコンテンツのダウンロードを通じて、継続的にアップルの世界を堪能してもらう仕組みです。

またアップルは、顧客からのフィードバックを、次の商品やサービスの開発に生かすことも得意としています。たとえばiPodでは、当初の想定以上に女性層の関心が高まっていることを把握し、カラーの種類を増やしたり、より小型軽量化を進めたりすることによって、ファッション性を高めていきました。

②組織DNA

アップルは強いDNAを持つことで知られています。それは、「顧客の使い勝手にこだわって、究極の体験価値を実現する」ことへの徹底したこだわりです。あえて分ければ、前段が静的DNA、後段が動的DNAに相当するでしょう。このDNAが、iPodのようなユーザビリティを飛躍的に向上させた商品の開発を牽引し続けているのです。

ただし、アップルのこの強いDNAも、一九九〇年代には組織の中で希薄になっていました。その後、創業者であるスティーブ・ジョブズがアップルに復帰。まずこの創業以来のこだわりを今一度徹底させることに腐心しました。このDNAの覚醒こそが、その後のアップルの復活につながったと言っても過言ではないでしょう。

③顧客洞察

アップルの顧客洞察の鋭さにも定評があります。しかしそれは、スティーブ・ジョブズをはじめとするアップルの人材が、他社に比べて圧倒的に創造性に優れていたからではありません。「顧客の使い勝手にこだわり抜く」という自社DNAを基軸とすることで、iPodやiPhoneの体験価値を飽くことなく追求していったのです。天才的なひらめきやアイデアではなく、このDNAへの執着こそが、アップルの顧客洞察の原動力となっているのです。

④事業現場

ここはどちらかというと、アップルの弱点と思われがちです。確かにアップルは、ハードを外注しているので生産の現場は持っていません。しかし、ハードからソフトまですべてをシステムとして統合することを徹底しています。特に、アップルのDNAであるユーザーの使い勝手に関しては妥協を許さず、ハードの外注先に対しても、理想のインターフェースを実現するまで何度もつき返すことで知られています。

⑤成長エンジン

アップルはｉＰｏｄやｉＰｈｏｎｅを、新しいコンテンツやソフトの利用体験の「ゲートウェウイ（入り口）」として位置づけ、ｉＴｕｎｅｓをコンテンツやソフトを流通させる「プラットフォーム」として位置づけています。そのうえで、ディズニーなどのコンテンツ会社やサードパーティのソフト会社を積極的に巻き込む（レベレッジ）ことによって、スケール感のある事業を展開しています。

特に注目すべきは、当初から、マイクロソフトのウィンドウズ用にマック版と同じｉＴｕｎｅｓのインターフェースをつくり込んでいることです。「インターフェースにこだわる」というアップルのＤＮＡに基づけば、マック・ユーザーであるなしにかかわらず、あらゆるパソコンユーザーに、よりよい音楽体験を提供しようと考えるのは、ごく自然でしょう。その結果、ｉＴｕｎｅｓというプラットフォームに、幅広いマイクロソフトの顧客資産を取り込む（レベレッジ）ことができ、事業をさらにスケールアップすることができました。

ユニクロの〈４＋１〉ボックス

アップルは海外の事例ですが、国内のスマート・リーン経営の先駆者も、同じように五つの組織要件を満たしています。ここでは、ユニクロを例に取り上げてみましょう。

①顧客接点

ユニクロの店舗での販売力は、かねてから定評があります。最近では、さらに質感の高い木製棚什器を導入したり、店舗中央を背の低い什器で構成して店全体を見やすくするなど、ビジュアル・マーチャンダイジングに力を入れ、店舗でのショッピング体験そのものの価値を高めています。また、店員の教育を通じた接客力の強化にも余念がありません。

顧客からのフィードバックを製品開発に生かすループがしっかり回っていることも、ユニクロの強みの源泉です。ユニクロのデザイナーやMD（マーチャンダイジング）担当者に求められることは、ひたすら現場を見ること。たとえば、銀座店で毎月実施されている「ウォーク・スルー・ミーティング」に参加して、店頭での商品の売れ方や顧客の声などを店舗の販売者から聞き出すことが、商品開発上の重要なルーティンとして定着しています。

②組織DNA

ユニクロのDNAを一言で言うと、「顧客が本当に欲しがっているものを、無駄なく届ける仕組みづくり」にあると思われます。この「仕組みづくり」へのこだわりなど、本質的に極めてトヨタのDNAと共通しています。

ユニクロのホールディングカンパニーであるファーストリテイリングがまとめた「FR（ファーストリテイリング）ウェイ」では、「私たちの価値観」の冒頭に「お客様の立場に立脚」と謳われています。これがいわば静的DNAにあたるでしょう。一方、次に掲げられている「革新と挑戦」は、動的DNAを表現したものです。

前者に関しては、今もなお、ユニクロの本質的な強さとなって体質化しています。しかし後者については、ここまで大きくなり、少なくとも国内ではそれなりの成功を遂げた今となっても、まだかつての「一勝九敗」というベンチャー精神を覚醒させ続けられるかどうかが、次世代成長に向けての大きな課題となるでしょう。

③顧客洞察

流行をいち早く取り入れるファストファッションを基軸とするH&MやZARAに対して、ユニクロはあくまで日常の中での顧客の快適さを基軸にしています。「本当に値打ちのある商品、お客様の生活に意味のある商品しか売れなくなっている」(9)という柳井CEOの言葉に、ユニクロの顧客洞察の本質が語られています。そしてこの顧客洞察が、ユニクロのDNAと表裏一体となっていることも、よくわかっていただけるでしょう。

大ヒットした「ブラトップ」は、「もっと気持ちのよいものを身につけたい」という顧客の声から着想し、さらに「インナーとしてだけでなく、それ一枚着れば外出できるアウター商品に水平展開させたらどうだろう」と発想を広げたものです。[10] また、「美脚ジーンズ」の場合も、「脱ぎ着しやすいスキニージーンズが欲しい」「足を（実際より）長くすっきり見せたい」という女性顧客の声に忠実に耳を傾けて改良を重ねたことが、日本人には受け入れられないといわれていたこのカテゴリーにおいて、大ヒット商品が生まれる原動力となりました。[11]

④事業現場

ここは、ユニクロの強さの原点です。たとえば、第1章でもご紹介した、「匠」を核としたパートナー企業とのカイゼン活動。また、売りたいものを確実に売ることができるようにするための、サプライチェーンの磨き込み。ＴＰＳの本家であるトヨタ出身の永井弘執行役員が、「高品質かつ低価格という相反する課題を両立させようとする取り組みは本物」と太鼓判を押

9「週刊ダイヤモンド」（二〇〇八年一〇月一八日）
10「日経ビジネス」（二〇〇九年六月一日）
11「日経ビジネス」（二〇〇九年三月二日）

すほどの徹底ぶりです。[12]

また、販売の現場においても、発注量の調整、商品陳列、店舗運営、販促など、「売り抜く」ことに関する権限はすべて店長に一任しています。「課題や問題点はあくまで店舗で発見して、店舗の人が考えて、そのことを一番効率よく支援したり、店長と相談して効率的な仕組みを作るのが本部の役目だ[13]」という柳井CEOの言葉は、同社の店舗至上主義の徹底ぶりを如実に物語っています。

⑤成長エンジン

ユニクロは、「仕掛けて売り切る」というSPAという業態をさらに進化させて、収益逓増型モデルへの移行を目指しています。

商品サイドでは、「コア（定番）商品」をプラットフォームとして位置づけたうえで、シーズン物やキャンペーン商品の重ね売り（クロスセリング）を狙います。最近では、さらに、カテゴリー拡大によるコーディネートやライフスタイル提案によって、クロスセリングを加速しています。その際には、デザイナーのジル・サンダー氏やディズニーと提携するなど、外部資産の取り込み（レベレッジ）にも拍車をかけています。

店舗サイドでは、フォーマット化された店舗をプラットフォームとして位置づけ、共通化による内なる規模の経済を実現しています。さらに最近では、商品カテゴリーの増大に伴って、店舗の規格も大型化し、外なるスケールアップも加速しています。一方、出店にあたっては、デパートや鉄道駅構内（駅ナカ）など、集客力のあるロケーションを押さえている企業の資産を、巧みに活用（レバレッジ）しています。

四つの未成功パターン

このような成功事例ばかり並べていると、またぞろ、「うちは、アップルやユニクロじゃないんだ」という声が聞こえてきそうです。確かに、スマート・リーン経営がまったくできていない会社には、これらの組織要件がほとんど備わっていないところも多いでしょう。本章の初めのほうでご紹介した「縦横運動型」となっている企業です。

また、優れた企業でも、四つの見えざる資産のうち一部に頼りすぎて、他の部分をうまく活用できていないことが多いようです。これらの成功に至っていないケースは、次の四つに大別することができます**（図13）**。

12 日経ＭＪ（流通新聞）（二〇〇九年一月一六日）
13 月泉博著『ユニクロvsしまむら』（日本経済新聞社、二〇〇六年）

図13　ありがちなパターン

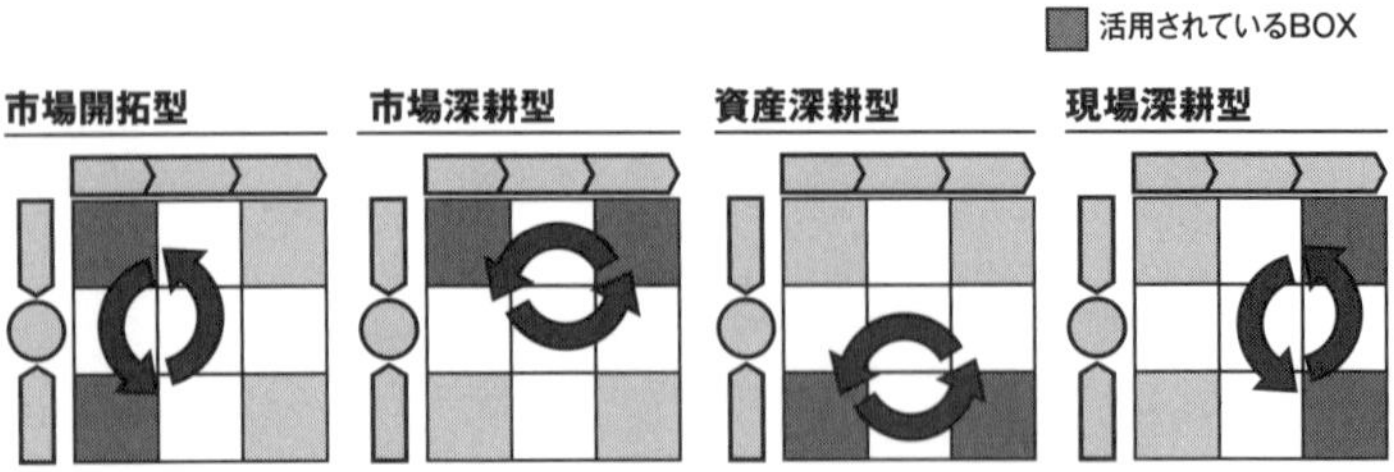

市場開拓型
- 常に新しい発想で「世の中にないもの」を生み出すことに長ける
- 市場が大きく成長して収益化する際には、市場のリーダーの座を他社に譲ることが多い
- 極めて斬新な事業を創出するが、市場とともに大きく成長できない

市場深耕型
- 既存商品からあがる不満点から新たな顧客の価値を発見
- 発見された新たな顧客価値を、商品にそのまま埋め込む
- 自社固有の資産やオペレーションエクセレンスに根ざさないため、商品が短命に終わりがち

資産深耕型
- 自社固有の技術やノウハウ・オペレーション上の強みに磨きをかけて差異化
- 顧客の潜在的な要求より、「技術的な可能性」の追求
- 過去の成功体験から踏み出せず、プロダクトアウトになりがち

現場深耕型
- オペレーションの現場を徹底的に見える化し、それを事業にフィードバック
- 既存顧客を過度に慮る
- 大きく事業パラダイムを変えるようなイノベーションは生まれづらい

一番目が「**市場開拓型**」です。常に新しい発想で、「世の中にはまだない商品」を生み出すことに長けている企業です。かつてベンチャー企業として活躍し、いまだにベンチャーとしてのDNAを持ち続けている企業に多いケースです。進取の気性はあるもののこの手の企業は、市場が大きく成長し収益化する際には、市場のリーダーの座を他社にゆずっていることが多いようです。真ん中の「成長エンジン」でスケール化を図る以前に、息切れしてしまっているのです。

二番目のタイプが「**市場深耕型**」です。顧客視点を貫き、顧客接点から上がってくる情報を商品開発にフィードバックすることに長けている、マーケティングを得意とする企業に多いケースです。しかし、その企業ならでは見えざる資産（DNA）に深く根ざしていないため、簡単に他社の追随を許してしまうことも。これではスケール化するための自社特有のプラットフォームを築きえません。

第三のタイプが、「**資産深耕型**」です。自社固有の技術やオペレーション・ノウハウを強みとして、技術的な可能性を追求し続ける、技術至上主義的な企業です。しかしその半面、顧客の視点からずれたプロダクト・アウトに陥りやすいのです。たとえ自社独自のプラットフォームを築けたとしても、自前主義から訣別できないため、スケールに必要なレベレッジがうまくきかず、「ニッチ」で終わってしまいます。

最後が、「**現場深耕型**」です。現場や顧客接点など、オペレーションの中から生まれた知恵を見える化し、事業や商品のカイゼンに結びつけることに長けた企業に多いケースです。しかし、顧客の求める根源的な価値や自社の潜在的な力に立脚した、破壊型のイノベーションが生まれにくいのが問題です。また、たとえそのようなイノベーションが着想できたとしても、組織全体としては現状の守りを固め、自前主義に走りやすいので、スケール化には至りません。

「見えざる資産」を「見える化」する

このように類型化してみると、それぞれのタイプごとに、「まさにあの企業がこの典型だな」

という企業名が、皆さんの頭にもすぐに浮かんでくるのではないでしょうか。筆者も、具体的な企業名を挙げたいのはやまやまですが、「未成功例」と名指しするのはあまりにも失礼なので控えます。

むしろより参考になるのは、いずれかのタイプに陥りやすい企業が、どうやって、これらの組織要件のバランスをとれるようになったか、という点でしょう。

たとえば、スティーブ・ジョブズが、「市場開拓型」に陥っていたアップルを、本質的なＤＮＡの覚醒によって、よりバランスのとれた組織に組み替えなおした点に注目していただきたい。また、「現場深耕型」に陥りやすいトヨタも、自社のＤＮＡの読み解きをしなおすことによって、より大きなイノベーションが回せるように、体質変換を試みていることも、ご紹介したとおりです。

マーケティング力の強いユニクロ、任天堂、リクルートなどは、「市場深耕型」に陥りやすいのも確かです。しかし、実は、顧客指向と同じくらい強い現場指向をＤＮＡとして持っており、現場の足腰を徹底的に鍛え上げています。

なかなか成功例が見当たらないのが、「資産深耕型」です。そしてまさに、日本のハイテク企業の多くが、自社の資産にこだわりすぎるがゆえにこの型にまんまとはまり、「スマート・リーン」型のイノベーションが打ち出せずに苦しんでいます。

そんな中パナソニックは、トヨタと同様、ＤＮＡの読み解きを通じてマーケット・アウトを仕掛けることができるようになってきました。このパナソニックの企業変革のケースは、第7章で詳述することにします。

いずれにせよ、この四つのタイプは、それぞれの企業のクセのようなものです。クセをクセとして理解し、その強みを生かしながら不足している部分をいかに補強するかが、知恵の絞りどころです。

さて、あなたの企業はどのタイプでしょうか。どうすれば、「見えざる資産」を「見える化」できるのでしょうか。そして、これら四つの「見えざる資産」を使って、成長エンジンを稼働させ続けるには、どうすればいいのでしょうか。

組織要件の点検はこれくらいにして、いよいよ組織の運動論に入ることにします。

第5章
組織のメビウス運動

前章では、スマート・リーン型経営をするうえで必要な組織要件を抽出しました。なかでも、組織DNAをはじめとする四つの「見えざる資産」とその真ん中の「成長エンジン」が、その企業特有の成長にとって、極めて重要な組織要件であることを論じました。

本章では、スマート・リーン経営を始動させ持続していくためには、どのような組織運動が求められるかを考えてみたいと思います。その際、これまで説明した組織要件をどのように有機的に「つなぐ」かがテーマとなります。さらに、第3章で論じた三つの進化を引き起こすためには、常に同じようにつなぐだけでなく、時に「ずらす」工夫も求められます。そのような組織運動の基本パターンを解明したうえで、具体的な成功事例に沿って、組織運動の実際をみてみましょう。

逆上がりするメビウス

前章で、企業が成長を目指すうえで必要な組織要件として、四つの「見えざる資産」が見えてきました。顧客接点、組織DNA、顧客洞察、事業現場です。実際の次世代成長を実現していくためには、この四つの組織要件の中身を充実させるだけではなく、いかにこれらを有機的に「つなぐ」かがカギとなります。その際に重要なことは、左右のバランスです。

飛躍的な成長（新化）のためには、顧客洞察と組織DNAという左側の二つのボックスに内在する創造系の知恵が必須となります。しかし、見えざる顧客価値に対する思いつきや、自社のDNAに対する独善的な思い込みだけでは、顧客の現実や自社への期待から遊離したものになりやすいものです。前章でご紹介した「市場開拓型」の罠です。

一方、持続的な成長（深化）のためには、顧客接点と事業現場という右側の二つのボックスに内在する実践系の知恵が必須となります。しかし、この二つを回し続けるだけでは、カイゼン活動のサイクルから脱しきれません。「現場深耕型」の罠です。

右側の実践を通じて得られる顧客からのフィードバックをすぐに事業現場に落とすのではなく、左側の自社の本質的な強み（DNA）に立ち返って、どうすれば顧客が本当に望んでいる

図14　<4+1>Boxの結び方＝メビウス運動

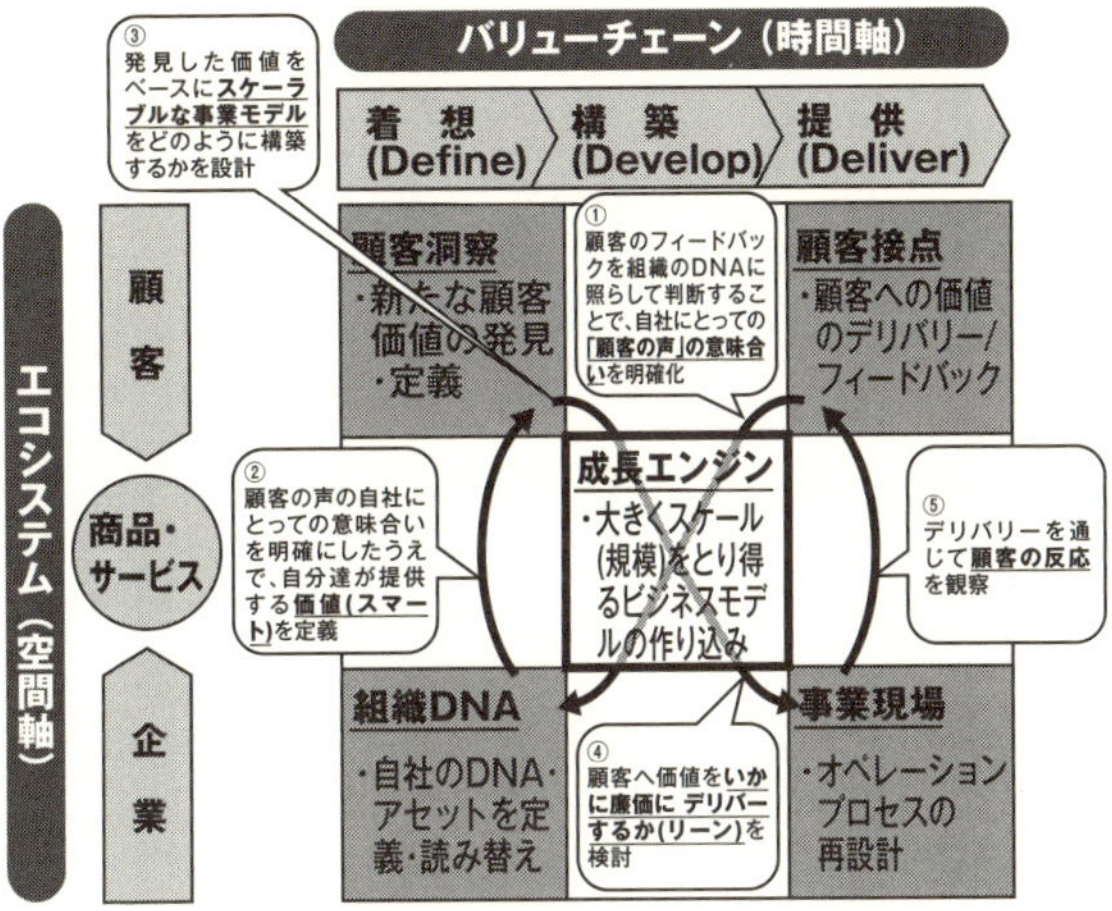

バリューチェーン（時間軸）
着　想 (Define)
構　築 (Develop)
提　供 (Deliver)
エコシステム（空間軸）
顧客
商品・サービス
企業
③ 発見した価値をベースにスケーラブルな事業モデルをどのように構築するかを設計
顧客洞察
・新たな顧客価値の発見・定義
① 顧客のフィードバックを組織のDNAに照らして判断することで、自社にとっての「顧客の声」の意味合いを明確化
顧客接点
・顧客への価値のデリバリー/フィードバック
② 顧客の声の自社にとっての意味合いを明確にしたうえで、自分達が提供する価値（スマート）を定義
成長エンジン
・大きくスケール（規模）をとり得るビジネスモデルの作り込み
⑤ デリバリーを通じて顧客の反応を観察
組織DNA
・自社のDNA・アセットを定義・読み替え
④ 顧客へ価値をいかに廉価に デリバリーするか（リーン）を検討
事業現場
・オペレーションプロセスの再設計

こと（顧客洞察）を実現できるかを考え抜く。そうすれば、右側の実践系の知恵を踏まえながら、左側の創造系の知恵が回り出すはずです。

既存市場である右上の顧客接点のボックスを基点とし、左下、左上というひねりを経て、真ん中のボックスでこれらの知恵を事業モデルに膨らませたうえで、右下の事業現場に落とし込んでいく**（図14）**――この逆上がりをしているメビウスの輪のような運動をいかに組織的に担保するかが、成長を持続し、加速していくうえで必須となります。本書ではこれを、「**メビウス運動**」と呼びます。

このメビウス運動は顧客接点を基点とする点において、すでに市場でのプレゼンスを持つ既存企業のほうが、ベンチャー企業より本質的に有利です。言い換えれば、どの企業にとっても、「飛び地」としての新天地（ブルーオーシャン）[1]に目を奪われるのではなく、自社の市場を深く洞察することが、その企業ならではの次世代成長の出発点となるのです。

●「見えざる資産」のつなぎ方

四つの資産をメビウスの輪のように逆上がりさせる、といわれても、なんだかアクロバットのように聞こえるでしょう。いきなり始めると、地面に叩きつけられて首の骨を折ったり、腸捻転を起こしかねません。ここでは準備運動として、四つの「つなぎ方」のポイントを、一つずつみていきましょう。

①顧客接点↓組織DNA

これは、顧客のフィードバックに基づいて、自社の本質的なDNAを再定義する運動です。顧客の不満は、自社への期待の裏返しであることが多いものです。期待が大きいほど、現実とのギャップが大きく、それが不満として現れます。したがって、不満の裏側にある顧客の期待を探り当てることによって、自社の潜在的な強みがみえてくるはずです。

コンサルティングの現場でも、顧客の声を集めることに熱心な企業をよく見かけます。しかし問題は、誰の声をどう使うかです。まず、既存顧客の声を拾いすぎると、未顧客や非顧客の不満がみえてきません。また、顧客の声を聞いて、そのままそれを次世代商品の開発に結びつけたのでは、自社の本質的な強みに裏打ちされた製品にはなりません。「市場深耕型」の弊害です。

前章でもご紹介したソニーと任天堂の対比を思い出してください。ソニーはコア顧客である熱心なゲーム愛好家の声を聞いて、自社技術を生かした高精細マシーンの開発にひた走りました。市場深耕型と資産深耕型が合併症を起こしたような運動です。四つのボックスを押さえてはいるものの、右上のボックスから左下のボックスにつながるパスが欠落していたのです。

これに対して任天堂は、ゲームから離れていった「元顧客」の不満の中から、「生活を豊かにする企業」としての自社のDNAを再発見しました。右上のボックスから左下のボックスにしっかりつながっているケースといえましょう。

②組織DNA→顧客洞察

ここでは、再定義しなおした自社の強みを踏まえて、どうすれば顧客にとっての本質的な課

1　W・チャン・キム他著、有賀裕子訳『ブルー・オーシャン戦略』（ランダムハウス講談社、二〇〇五年）

題を解くことができるかを考え抜きます。再定義した自社の強みをいかに活用できるかを、顧客の視点からもう一度読み解きなおす運動です。

自社の強みを一方的に顧客にぶつけても、顧客の関心には刺さりません。「プロダクト・アウト」の弊害です。かといって、顧客の関心に迎合するだけでは、自社ならではの答えにはなりません。「マーケット・イン」の限界です。自社の強みを使って顧客が本質的に求めているものを提供することによって、「マーケット・アウト」型の需要創造を目指せるはずです。

任天堂のケースでは、「生活を豊かにする企業」としてのDNAを踏まえて、ゲームを生活家電として位置づけなおしています。Wii開発トップの宮本茂専務が公表した「宮本コンセプト図」(2)は、ゲームを生活手段へと応用していくことに発想の主軸をおいています。そこには「Wiiスポーツ」として結実する「スポーツパック」や、現在の「Wiiフィット」につながる「ヘルス(健康)パック」などの企画が、すでに盛り込まれています。まさに、左下のボックスから左上のボックスにつなぐことによって、独自の新市場を創造することに成功した好例といえましょう。

③顧客洞察→事業現場

これは、顧客洞察によって生まれた商品やサービスのコンセプトを、スケール感のある事業モデルと、リーンなオペレーション・モデルに落とし込む運動です。このプロセスの出来・不出来が、事業の収益性に大きく影響します。カギを握るのは、この両者の間にある「成長エンジン」をいかに埋め込むかです。

前章でも論じたように、成長エンジンの本質は、スケールにあります。そして、スケールをとるためには、「プラットフォーム」と「レベレッジ」の二つがポイントとなります。多くの日本企業は、商品設計やオペレーション設計にはすさまじいエネルギーを注ぐものの、この事業モデルづくりの本質の部分が手薄になってしまいがちです。

任天堂の場合には、まず自社製のハードとソフトで市場を大きく立ち上げます。そしてこの顧客の手元にあるハード・ソフトを基盤として、外部のソフト専業メーカー（サードパーティ）を広く巻き込むことにより、市場の裾野を広げています。このように、自社の商品をプラットフォームとし、サードパーティをレベレッジすることによって「任天堂経済圏[3]」をスケールさせていくことが、任天堂の基本的な事業モデルとなっています。

2「エコノミスト」（二〇〇九年一月二七日）
3「日経ビジネス」（二〇〇九年八月三日）

④事業現場→顧客接点

これは、単にオペレーションを正確・迅速に回すだけでなく、顧客のフィードバックを効率よく収集する仕組みを事業現場に埋め込むプロセスです。想定した顧客価値を実際に届け、顧客に体験してもらうための最終ステップであると同時に、次のイノベーションのサイクルにつなげていくための準備運動でもあります。

ここでは、顧客の利用状況をモニタリングできるような仕掛けを、いかにオペレーションの中に組み込むかが知恵の絞りどころとなります。また、顧客の行動そのものがオペレーションの一部になり、さらに、顧客のアイデアがオペレーションの中に生かされてスケールしていくような仕掛けができれば、ウェブ型経済特有の顧客参加による収益逓増効果が期待できます。

任天堂の場合、WiiやDSiのネットワーク接続機能を使って、顧客の利用状況をモニタリングするだけでなく、顧客の手元で商品を「深化」させることができます。「DSi」にはカメラやオーディオプレーヤーをつけ、また気にいったソフトをダウンロードして保存できるようにしました。すると自分のDSiは他の人とは少し違うものになる。となると、愛着の湧くものにならないだろうか」と、岩田社長は新しい試みの狙いを語ります。[4] さらに、「うごくメモ帳」機能で、UGCを流通させることによって、顧客参加型のモデルを取り入れ始めたことも、先にご紹介したとおりです。

図15　アップルにおける「メビウス運動」-1: 初代iPodが生まれた時点

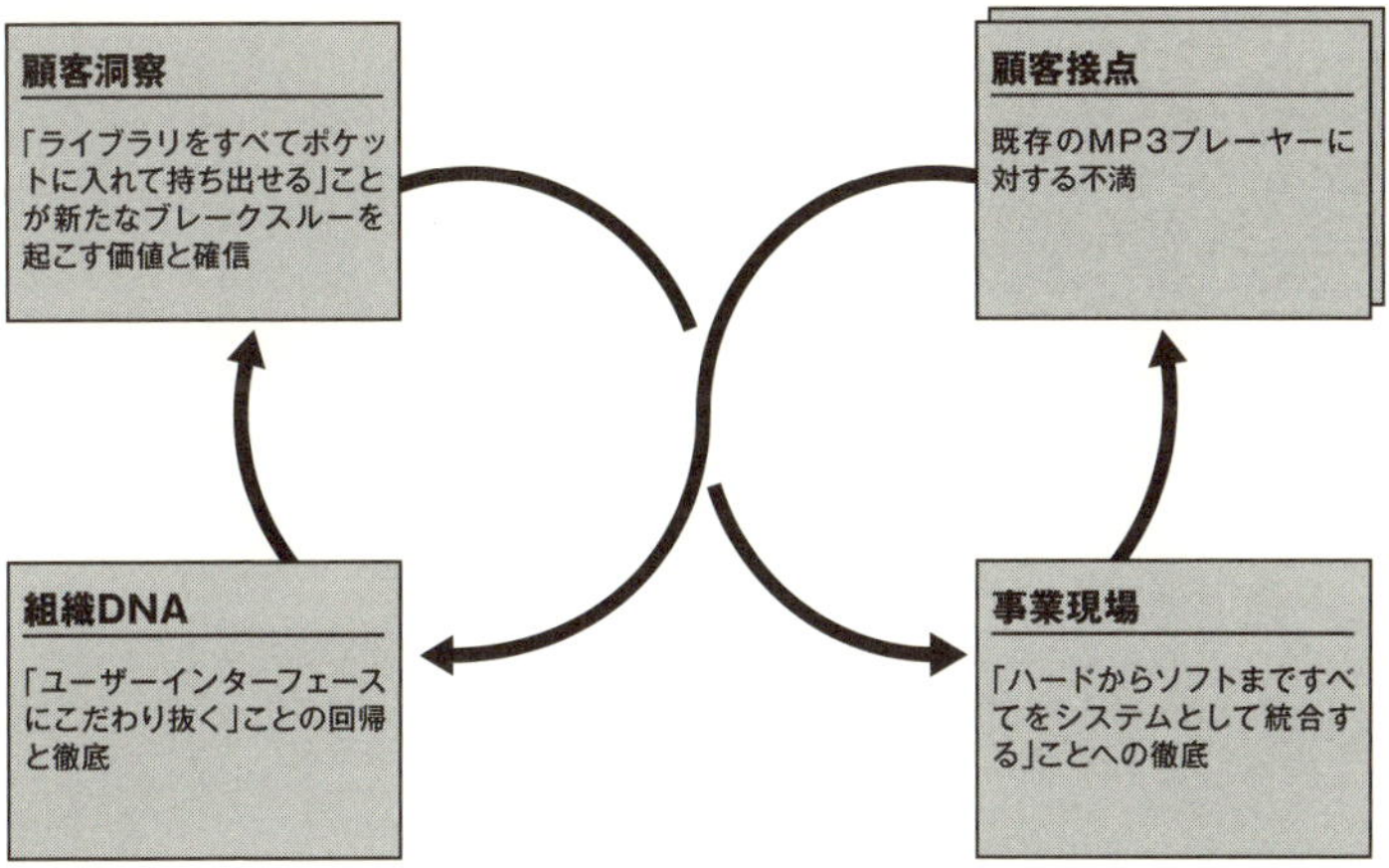
顧客洞察
「ライブラリをすべてポケットに入れて持ち出せる」ことが新たなブレークスルーを起こす価値と確信
顧客接点
既存のMP3プレーヤーに対する不満
組織DNA
「ユーザーインターフェースにこだわり抜く」ことの回帰と徹底
事業現場
「ハードからソフトまですべてをシステムとして統合する」ことへの徹底

アップルの「つなぎ」

以上が、四つの「つなぎ」方を拡大して示したものです。メビウス運動は、これら四つをつないで一回転させ、さらにそれを何回も繰り返し回転させていきます。ここでは、いかにアップルがメビウスの輪を回すことによって、iPodの進化を加速していったかを振り返ってみましょう。

図15は、初代iPodが生まれた「新化」のプロセスを示したものです。同様に、**図16**は、初代iTunesへの「伸化」、**図17**は、動画iPodへの「深化」のプロセスを示したもの

4　「週刊東洋経済」（二〇〇九年四月二五日）

図16　アップルにおける「メビウス運動」-2: iTunes Music Storeの開発

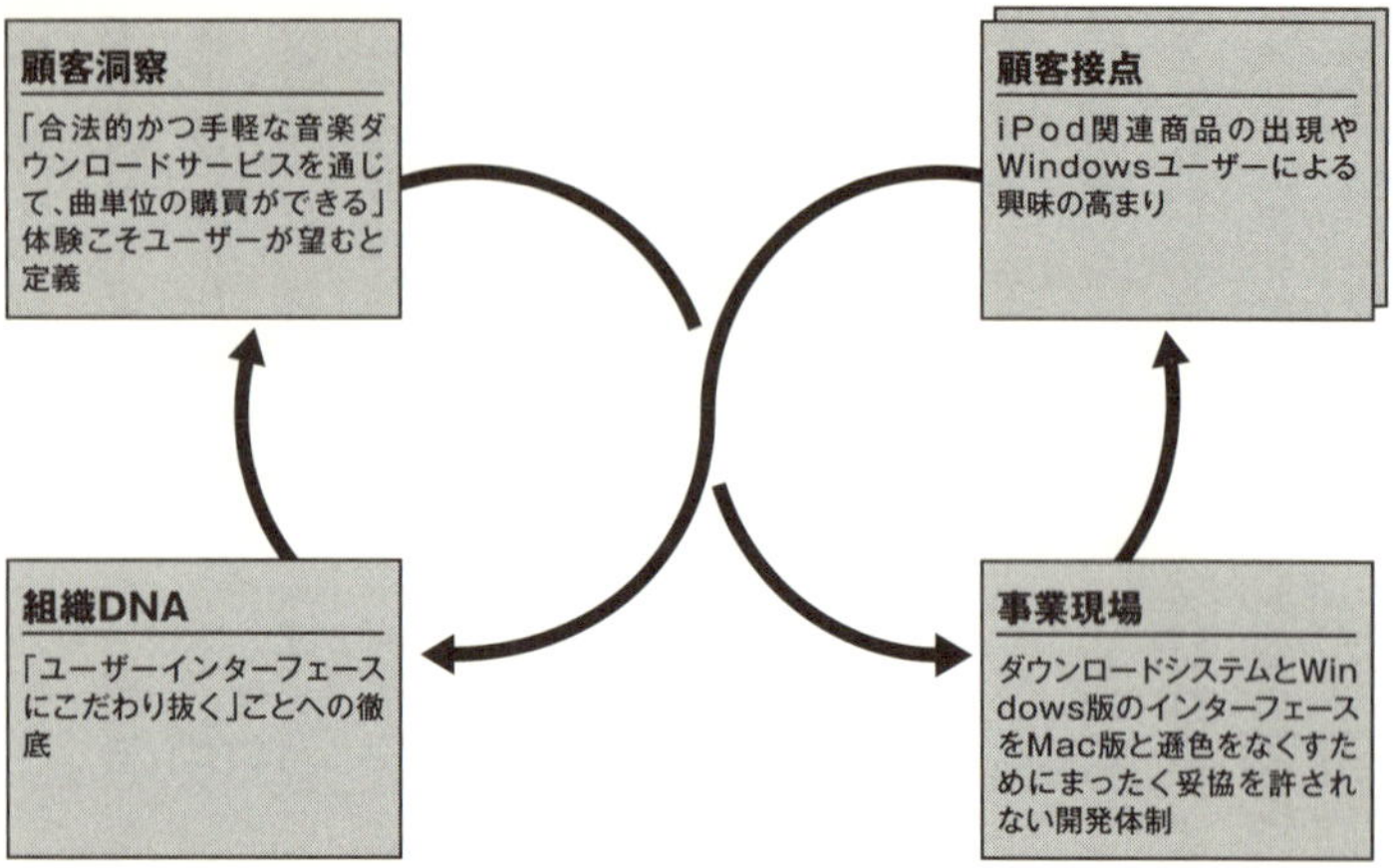
顧客洞察
「合法的かつ手軽な音楽ダウンロードサービスを通じて、曲単位の購買ができる」体験こそユーザーが望むと定義
顧客接点
iPod関連商品の出現やWindowsユーザーによる興味の高まり
組織DNA
「ユーザーインターフェースにこだわり抜く」ことへの徹底
事業現場
ダウンロードシステムとWindows版のインターフェースをMac版と遜色をなくすためにまったく妥協を許されない開発体制

です。メビウス運動のこの三つのスナップショットを見て、「つなぎ」のテクニックにいくつか共通のパターンがあることに気づかれるでしょう。

第一に、**どのサイクルも、既存商品における顧客接点が着想の入り口になっている**点です。スマート・リーンが現状の商品を基点として、マトリクスの右上を目指す営みである以上、当然のことです。

初代iPodの場合は、対象となる既存商品は他社のMP3プレーヤーです。マックの使い勝手のよさに比べて、MP3プレーヤーがあまりにも使いにくい点が着想の原点となりました。同様に、既存の音楽ダウンロードサービスの使い勝手の悪さをなんとかしてほしいという顧客の願望から、iTunesという新しいメ

図17　アップルにおける「メビウス運動」-3: 動画iPodの開発

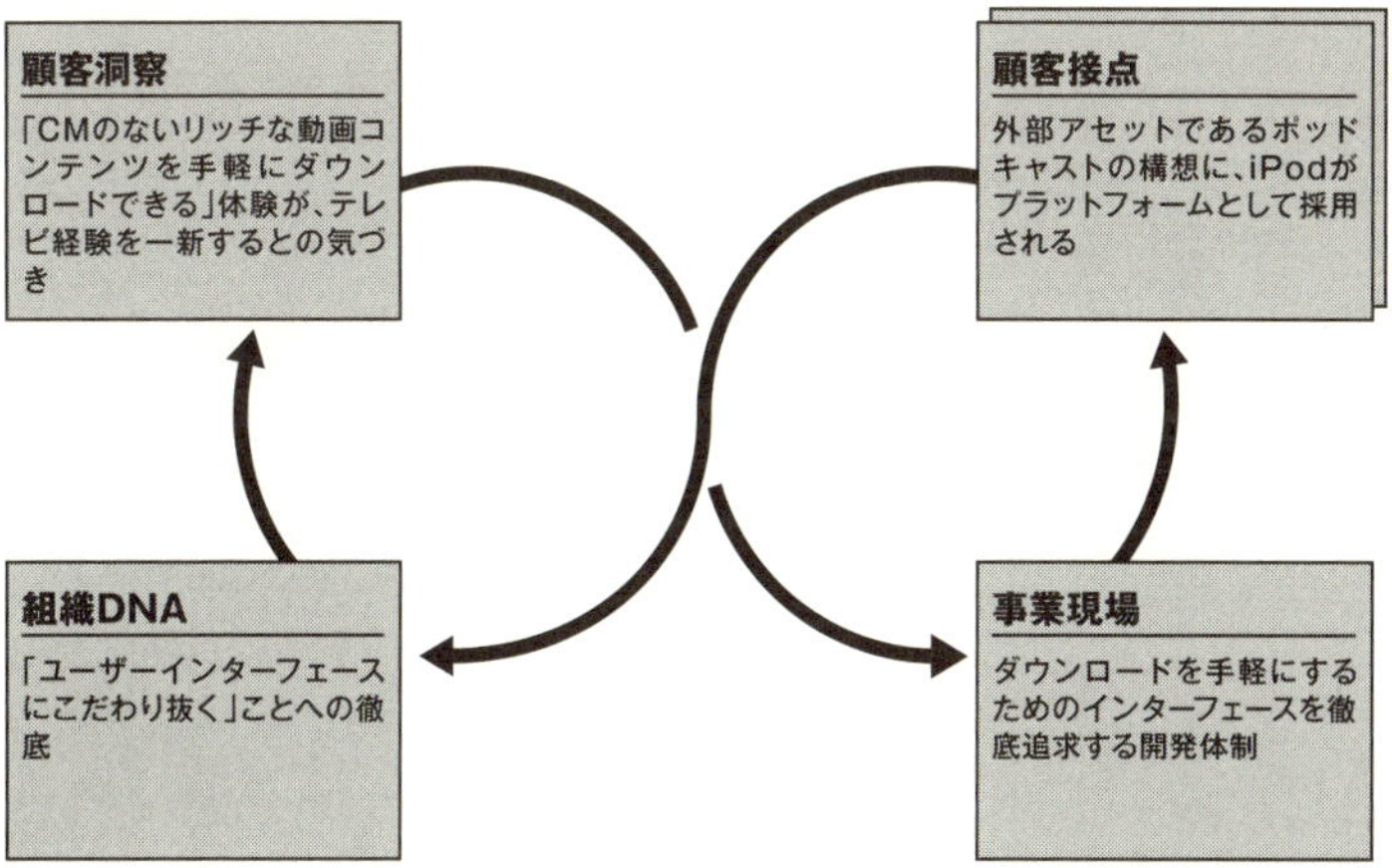
顧客洞察
「CMのないリッチな動画コンテンツを手軽にダウンロードできる」体験が、テレビ経験を一新するとの気づき
顧客接点
外部アセットであるポッドキャストの構想に、iPodがプラットフォームとして採用される
組織DNA
「ユーザーインターフェースにこだわり抜く」ことへの徹底
事業現場
ダウンロードを手軽にするためのインターフェースを徹底追求する開発体制

ビウスの輪が回り始めています。一方、動画ｉＰｏｄの場合は、ｉＰｏｄ顧客が、ポストキャストという動画サービスを勝手に使い始めていることが、他の動画コンテンツ配信をｉＴｕｎｅｓのプラットフォームに取り込むきっかけとなりました。このように、既存商品に対する顧客の不満や願望、あるいは顧客の想定外の行動をしっかり観察することが、メビウス運動の出発点となります。

　第二に、このような**顧客からのフィードバックを自社のＤＮＡに照らし合わせて、独自の顧客洞察にまで高めている**点です。これによって、左側の創造系のサイクルがぐるっと回る格好となります。

　三ケースとも、基軸となるアップルの組織ＤＮＡは、「ユーザーインターフェースにこだわり抜く」ことです。このＤＮＡを踏まえることで、既存商品に対する顧客の不満や願望に対するアップルらしい答えが導き出されています。いずれも自らが究極のユーザーとなって、理想的なインターフェースを持った商品やサービスのコンセプトを着想している点が、アップルならではの強みです。

既存のプレーヤーは、ハード、ソフト、音楽サービス、動画サービスなど、これまでの慣習上の業界の垣根にとらわれて、自社の立ち位置を限定してしまいがちです。しかしアップルのように、インターフェース（使い勝手）という切り口から究極の顧客体験を演出しようとすれば、このような垣根にとらわれずに、自社独自の答えを出すことが可能になるのです。

第三に、このように**着想されたコンセプトを実際の商品や事業モデルに落とし込み、顧客の利用体験がフィードバックされる仕組みをつくり込んでいる**点です。これによって、今度は右側の実践系のサイクルが一回りする格好になっています。

三ケースとも、完成度の高い商品・サービスづくりに向けて一切の妥協を許さない点、かつ、そうはいっても顧客の行動を観察して商品やサービスの完成度を上げる努力を繰り返している点において共通しています。このような一種「フェチ」とでも言うべき商品完成度へのこだわりは、初代マック以来、アップルの伝統的な強みです。

さらに重要なことは、ｉＰｏｄとｉＴｕｎｅｓのインターフェースと顧客基盤をプラットフォームとして、他社や顧客の知恵をうまく取り込むことによって、レベレッジのきいた事業モデルを一貫して展開している点です。このように「プラットフォーム」と「レベレッジ」をうまく駆使してスケール感のある事業モデルに仕立て上げたことで、これまでは市場開拓型に陥りがちだったアップルが、右側の実践系のサイクルまで、しっかりとメビウス運動をつないでいけるようになったのです。

ｉＰｏｄがらみのこの一連のメビウス運動によって、アップル特有の進化の三つの「型」が出来上がったのです。そして、アップルはこれらの型をｉＰｈｏｎｅ事業にも横展開して、さらに磨きをかけています。

リクルートの「ずらし」

メビウス運動を同じ商品やサービスのうえで繰り返しているだけでは、事業の幅が広がりません。拡業のためには、特定の商品やサービスに閉じた「つなぎ」だけでなく、他の商品やサービスへと発想の場を「ずらし」、広げていく必要があります。事業の「伸化」に定評のあるリクルートの例を取り上げてみましょう。

図18はリクルートの三つの事業モデルの展開をメビウス運動として示したものです。出発点

図18　リクルートにおける「メビウス運動」

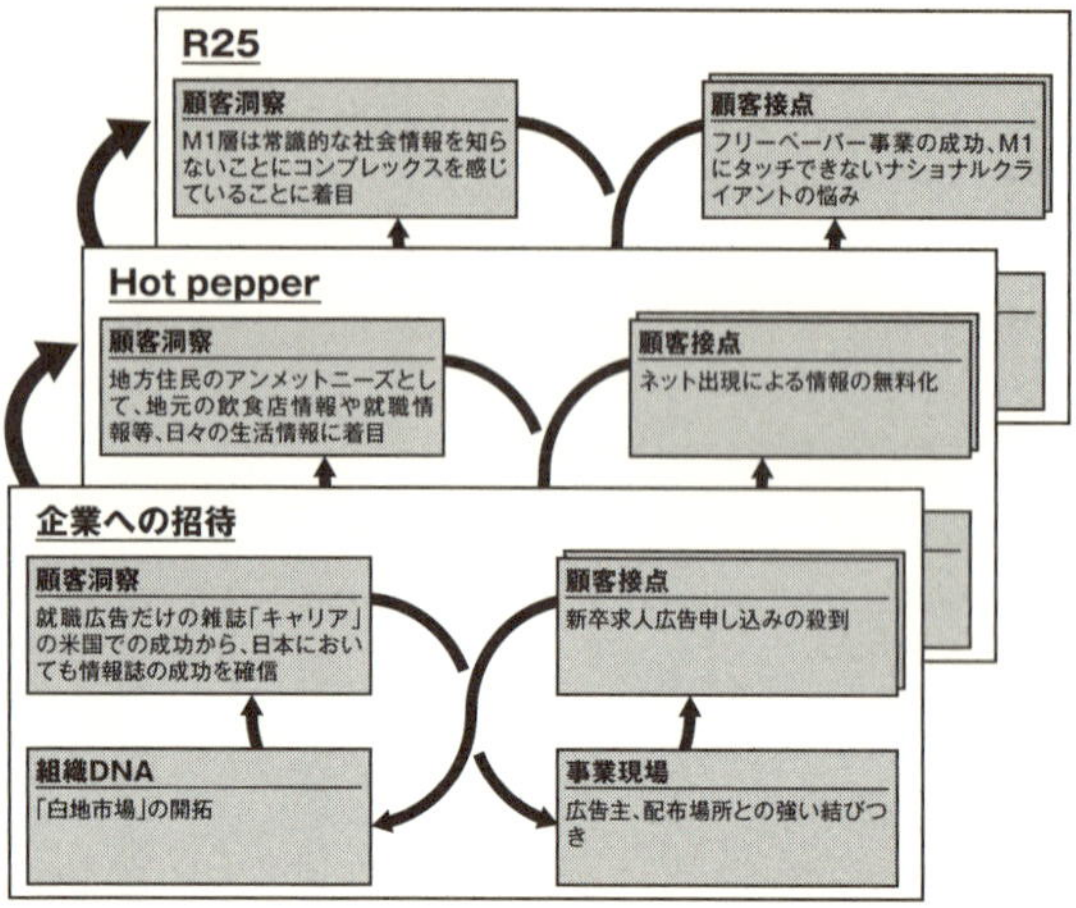
R25
顧客洞察
M1層は常識的な社会情報を知らないことにコンプレックスを感じていることに着目
顧客接点
フリーペーパー事業の成功、M1にタッチできないナショナルクライアントの悩み
Hot pepper
顧客洞察
地方住民のアンメットニーズとして、地元の飲食店情報や就職情報等、日々の生活情報に着目
顧客接点
ネット出現による情報の無料化
企業への招待
顧客洞察
就職広告だけの雑誌「キャリア」の米国での成功から、日本においても情報誌の成功を確信
顧客接点
新卒求人広告申し込みの殺到
組織DNA
「白地市場」の開拓
事業現場
広告主、配布場所との強い結びつき

ともいえる求人情報誌「企業への招待」、次に地域ごとの顧客を対象とした無料生活情報誌「ホットペッパー」、そしてM1層向けの無料情報誌「R25」のケース。この三つのメビウス運動の中に、リクルートならではの「ずらし」のテクニックがみえてきます。

第一に、動的組織DNAを基点として、**事業の「場」そのものを「ずらし」ている**点です。前章でもご紹介したように、「白地市場の開拓」がリクルートの動的DNAです。したがってリクルートの社員は、常に新しい「隙間ビジネス」を開発する機会を狙っています。

「白地市場」は、これまでは市場性があるとは思われなかった領域です。したがって、そこをあえて「市場」として捉える際には、これまでの発想の前提そのものをずらす必要があります。「企業への招待」では、「広告は記事のオマケ」という出版業界の常識を疑うことから、「広告だけの雑誌」という発想の転換につながりました。「ホットペッパー」では、「雑誌は有料」という発想を覆すことが出発点となっています。「R25」では、「M1層（二〇〜三四歳の男性）は活字離れをしていて、リーチできない」という広告業界に蔓延していた先入観に真っ向からチャレンジしています。

第二に、**対象顧客を、既存顧客から未顧客や非顧客へと「ずらし」ている**点です。既存顧客からのフィードバックにまともに応えるだけでは、同じ立ち位置にとどまってしまいます。顧客がなぜそのような反応をしているのかを本質まで立ち返り、背景にある環境の変化や、今まで見落としていたことを探り当てることによって、新しいメビウスの輪が大きく回り出します。

「企業への招待」の場合には、それまで行ってきた大学新聞向けの広告ビジネスに対して、企業からの求人広告の申し込みが殺到したことがきっかけとなりました。これだけの需要があるのに対して、供給サイドの仕組みが大きなボトルネックとなっていることに気づいたのです。「ホットペッパー」では、「人生の節目」にターゲットを当てたこれまでの情報雑誌の頭打ち感が、気づきのきっかけとなりました。これまで対象としてきた大都市の住民は、ネット上での無料情報にシフトしつつある。そこで、まだ広告市場として成り立っていない地方都市の住民をターゲットに、無料情報誌ビジネスを立ち上げる、という逆転の発想に至ったのです。

「R25」のケースは、対象顧客層の「ずらし」をはじめから念頭においています。「ホットペッパー」がF1層を対象としていたのに対して、「R25」ではこれまで広告業界全体として「白地」市場であったM1層にターゲットをずらしました。そのうえで、M1層の行動や心理を深く分析することによって、彼らを活字メディアに戻すためにはどうすればいいかを考え抜いて、M1向けの社会情報誌というまったく新しい事業コンセプトを着想したのです。

第三に、**収益モデルを「ずらし」ている**点です。「企業への招待」を基点とする初期の情報雑誌は、雑誌購読料と広告料の二つを収益源としてきました。「ホットペッパー」では、購読料を無料とし、地域広告主からの広告料に絞り込んだのです。そして、「R25」では、購読料は無料のまま広告主を地域レベルから全国レベルに大きくずらしました。デフレ経済の中で広告市場そのものが縮退し、かつ、紙媒体からネットへと広告費がシフトしていく中で、今後収益モデルをいかにずらしていくことができるかが、リクルートにとって死活の課題となるはずです。

学習と脱学習の良循環

以上、アップルとリクルートの事例をもとに、メビウス運動の実際をみてきました。「つなぐ」ことを基軸としつつ、継続的な「深化」から、破壊的な「新化」や拡業型の「伸化」に進むためには、「ずらす」ことも必要となります。

四つの「見えざる資産」を「つなぐ」ことによって、市場と自社の実情を踏まえ、将来に向けて事業を実践し、顧客の反応を見て次の打ち手を考えるというプロセスが確立します。実践の中から学ぶという意味において、極めて能動的な「**学習（learning）**」プロセスです。そして、このような学習を繰り返すことによって、四つの見えざる資産がさらに蓄積されていきます。

- 顧客接点でのフィードバックに答えるというプロセスを繰り返すことによって、自社に対する顧客の期待が高まり、それに対する自社の理解も深まる。
- 顧客の期待を自社のDNAに照らして読み解くというプロセスを繰り返すことによって、本業に根ざした静的DNAの純度が高まる。
- 自社のDNAに基づいて顧客の真のニーズを把握するというプロセスを繰り返すことによって、自社ならではの顧客洞察力が向上する。
- スケール感があり、かつ、リーンなオペレーション・プロセスを設計するというプロセスを繰り返すことによって、事業現場の足腰が鍛えられる。

一方で、顧客からのフィードバックが予想から大きくずれることがあれば、そもそもの前提や考え方そのものを変えてみる必要があります。これまで学習したことにとらわれない、という意味で、「**脱学習（unlearning）**」と呼ぶプロセスです。この脱学習は、メビウス運動そのものをリセットして、新しく始めなおすことによってスタートします。これによって、四つの見えざる資産には、奥行き感が出てくるのです。

- 非顧客・未顧客のフィードバックを取り込むというプロセスを繰り返すことによって、これまで見落としていた大きな潜在市場を見つけ出す力が備わる。
- 自社の潜在的な強みに基づいて新たな市場を掘り起こすというプロセスを繰り返すことによって、自社の動的ＤＮＡを研ぎ澄ますことができる。
- 未知の市場をターゲットとした事業コンセプトを生み出すというプロセスを繰り返すことで、マーケット・アウト型の顧客洞察力が高まる。
- 新たな収益プラットフォームや異質なパートナーのレベレッジにより、事業モデルやデリバリー・モデルに多様性が生まれる。

　このように「つなぎ」による学習を通じて、経験値としての見えざる資産は、突出した「**スキル（知財）の経済**」に磨きをかけます。一方、「ずらし」による脱学習を通じて異質な経験値を取り込むことにより、見えざる資産は「**スコープ（範囲）の経済**」を獲得します。そして、メビウス運動を繰り返すことによって、同質・異質それぞれの経験値が蓄積され、「**スケール（規模）の経済**」が生まれます。学習と脱学習を繰り返すメビウス運動は、こうして三つの経済をテコに、「見えざる資産」を増価させるのです。

　したがって、一回一回のメビウス運動を完璧なものにしようとして、時間と労力をかけることは得策ではありません。もちろん、拙速にひたすら実践を優先させても、学習効果は得られません。仮説を立て、市場で実践し、市場からのフィードバックをすばやく次のメビウス運動に反映させることがカギとなります。

　仮説・実践・検証の結果、市場からのフィードバックがポジティブであれば「学習」サイクルを回し、ネガティブであれば「脱学習」サイクルに切り替えていく――それが、メビウス運動から三つの進化を生み出していく秘訣となります。そして、メビウスが回転運動である以上、この仮説・検証の回転スピードを上げることが、スマート・リーン型経営実現に向けた近道です。

このように、「鏡の国」で生き残るためには、メビウスの回転スピードをどこまで高められるかが勝負となります。

学習優位の確立

ハーバード大学のマイケル・ポーター教授は、古典的な戦略論の中で、「競争優位(Competitive Advantage)」という概念を提唱しました。[5] 筆者が同大学院に席をおいていた一九八〇年代末には、最もオーソドックスな戦略論として扱われていました。しかし当時から、ポーターの競争戦略論では、市場や企業の非線形な進化のダイナミズムが十分説明できないことが、筆者は気になっていました。[6]

確かに、ゼロ・サム型の市場においては、いかに他社よりも有利なポジショニングを築いて、市場シェアを奪うかがゲームの基本ルールです。しかし、今日のような成熟経済でのマイナス・サムの時代においては、シェアの取り合いから一時的には生き延びられたとしても、市場の縮退とともにいずれジリ貧は免れないのです。

この成長の限界を突破するためには、成熟経済に合った新しい顧客価値を開拓してプラス・サムに転じていくしかありません。ただし、いかに事前に分析し、仮説を立ててみたところで、顧客が実際にどう反応するかは、実践するまでわかりません。また、たとえ仮説が正しかったことが検証できたとしても、顧客側の環境に変化が起こると、それに合わせてこちら側もすばやく適応していく必要があります。

このように需要が不確実で安定しない時代には、「競争優位」という理念先行型の戦略では、まったく歯が立ちません。先が読めないのであれば、まず実践してみて、そこで市場からフィードバックを得る。その結果を踏まえて、次の手を打つ。そのサイクルを繰り返すことによって初めて、見えないものが見えてくる。このように、経験を積む（get familiar）ことで新しい知恵が生まれることを、「**学習優位（Familiarity Advantage）**」と呼びます。[7]

学習優位は、仮説・実践・検証という実践を核とした運動を通して初めて体得されるものです。そして、メビウス運動は、そのような実践を通じた学習優位を構築するプロセスにほかなりません。

概念より経験を優先させる、という考え方は、実は日本企業の伝統的な行動規範であったは

5 マイケル・ポーター著『競争優位の戦略』（ダイヤモンド社、一九八五年）
6 名和高司著『ハーバードの挑戦』（プレジデント社、一九九一年）。なお、カナダのマギル大学のヘンリー・ミンツバーグ教授は、別の切り口から同様に、ポーター流の理念先行型の戦略論に対して異議を唱え、実践を重視する立場をとった。たとえば、「戦略クラフティング」（「ハーバード・ビジネス・レビュー」（一九八七年一一月））などを参照
7 学習優位に関しての詳細は、名和高司、近藤正晃ジェームズ著『戦略の進化』（ダイヤモンド社、二〇〇三年）参照

ずです。ところが、コンセプト先行型の戦略論が「グローバル・スタンダード」という名のもとにもてはやされ、経験値を強みとしていた軸足が概念論にずれていったのではないでしょうか。

本書で取り上げたスマート・リーン型の日本企業はいずれも、見えざる資産としての経験値にしっかり軸足をおいて、メビウス運動を回し続けています。それがかつて強かった頃の日本企業の勝ちパターンそのものであるとすれば、もう一度、経験値に軸足を移しなおしてみてはいかがでしょうか。メビウス運動を始めてみると、実は自分の本来の体質に合っていることに気づかされるはずです。

どこから手をつけるか

メビウス運動を自覚的に始めてみると、会社のクセが出やすい。上下、左右のいずれかに重心が残りやすく、結果として、前章で四つに類型化した「イマイチ」ケースのどれかに陥ってしまいます。

皆さんの企業のクセは、明確でしょうか。よりバランスのとれたメビウス運動に移行するためには、どこから手をつければいいのでしょうか。

実際のコンサルティング活動の中では、メビウス運動以前に、まず、右下のボックスの事業現場を筋肉質（リーン）にする、というところから始めるケースも少なくありません。価値がきちんと顧客に届けられないのであれば、何をやっても無駄だからです。しかし、ここだけをいくら鍛えても、メビウス運動がきちんと回る保証はどこにもありません。

逆に左上から始めたがる企業もあります。「目から鱗」の顧客洞察がきれいに出てくれば、おのずと勝てる気がするからです。しかしこれは、成功する確率は極めてゼロに近いものです。だれか天才的に先を読める人がいないかぎり、「まぐれ当たり」を期待するしかありません。たとえ当たったとしても、自社の独自性に根ざさないかぎり、すぐ、他社に追随されてしまいます。また、まぐれ当たりには、再現性がないものです。

筆者の経験では、メビウス運動の定石に沿って、①の顧客接点→組織ＤＮＡのサイクルから始めることが、回り道のようでいて実は最も確実な方法です。なぜなら、どの企業も必ず顧客接点と自社独自のＤＮＡを持っているからです。任天堂が顧客接点で把握した「元顧客」のゲーム離れという実態に対して、「生活を豊かにする企業」という自社ＤＮＡに立ち戻って問題を解こうとしたことを思い出してください。既存顧客や未顧客がどのような不満や欲求を持っているか、その課題を解くには、自社のいかなる強みが使えるか。顧客と自社のより本質的なかかわり方を、地に足をつけつつ深く考え抜くことが、あらゆる企業にとって学習の原点となります。

逆にここがしっかりできていれば、②の組織DNA→顧客洞察は、スムーズに回りやすいものです。なぜなら、①で出てきた仮説を裏返すと、自社のDNAに根ざした、自社ならではは顧客価値を定義することができるからです。自社の組織DNAを再確認することによって、任天堂は、高機能化の呪縛から解かれ、幅広い顧客にとって本質的な楽しさを提供する新しいゲームのコンセプトを生み出すことができたのです。ちょうど、逆上がりのときに、重みを運動量に換えてしっかり下(組織DNA)まで降りれば、あとはその反動でくるっと上(顧客洞察)まで上がれるのと同じ要領です。

とはいえ、この最初の「反転」が、メビウス運動で最も難しいところです。組織DNAは、「ヌエ」のような存在で、組織細胞の「ファブリック(織物)」の中に深く織り込まれているだけに、捉えどころがないのも事実です。この遍在性が、他の三つの「見えざる資産」と大きく異なる点です。

顧客接点は、通常、セールスやサービス部門が担っています。そして顧客洞察は、マーケティング部門が担当することになっています。しかし、企業DNAを組織的に掌握する「ナチュラル・オーナー」は、どこにも存在しないのです。

したがって、組織DNAを再定義する運動は、組織の中のルーティンワークとしてこなせるような代物ではありません。トヨタやパナソニックなどのケースでも、トップ直結の組織横断的なタスクフォースを中心に、集中的な検討を重ねた中から、ようやく一回転目の仮説が出てくるような難物なのです。しかし、この作業にきちんとエネルギーを使うことによって初めて、メビウスの逆上がり運動が回り出します。

このあたりが、メビウス運動の難しさでもあり、成功するためのコツです。実際にいかにメビウス運動を仕掛けるかについては、次の二つの章でさらに詳細に論じることとします。

原体験としてのメビウス

「逆上がり」のメタファーを、今一度イメージしてみましょう。

筆者も実は、子供の頃、逆上がりがどうしてうまくできなくてベソをかいた淡い思い出があります。隣では自分より小さな女の子が、いとも軽々と回っているというのに！　前回りはなんとかこなせても、後ろ向きに体重をかけるということが、どうしても不安なのです。

だからといって、一つひとつの動作をいくら練習しても、回転運動にはなりません。連続した運動の中で、前の動作のモメンタムを次の動作に利用することを学んで初めて、逆上がりができるようになりました。

メタファーとして、もう一つ。組織DNAがカギを握るという話が出ましたが、企業の個体差を超えて、我々の体には民族としてのDNAが流れているはずです。農耕民族としての日本人は、和を尊び、みんなで手と手を「つなぎ」合って、農地を地道に「深耕」していくことを得意としてきたはずです。これは、「つないで深める」というメビウス運動の連続性を担保するうえで、極めて有力なDNAとなりえます。

一方、狩猟民族のように、次なる獲物を追いかけて、新しい土地に出向くような「ずらし」は、農耕民族のDNAの中には希薄なことも事実です。しかし、そもそも我々の先祖は、農耕を学ぶ前は、狩猟を営んでいたはずです。また、新しい開拓地を求めて、潟や山、北や南へと向かった先祖がいたのは、そう昔のことではありません。我々のDNAの中には、そんな「ずらし」の技法も、どこかに潜んでいるに違いありません。

ユニクロの柳井CEOが、山口県の小郡町の小さな洋服店から日本一を目指したとき、そして、日本一になってもなお、アジア一を、さらには世界一を目指そうとしている今、新しい獲物を追いかけるDNAがみなぎっている。同様に、トヨタが全社を挙げて「プリウス」開発に乗り出すことを決意したときや、後述するように、パナソニックの中村前社長が「破壊と創造」に着手したときは、突如、組織の奥底に潜んでいた狩猟民族のDNAが目覚めた瞬間だったのではないでしょうか。

メタファー話の三つ目として、国民としての成長DNAを思い出してみましょう。古代から近代に至るまで、島国の中で同質化しやすかった日本人は、異質なものに出会った際に、そこから貪欲に学び取り、自分のものとして同化することを得意としてきました。これは実は、国民レベルで、「脱学習（ずらし）」と「学習（つなぎ）」を繰り返すメビウス運動ができていた、ということなのではないでしょうか。

ユニクロは、SPAという海外モデルの長所を学習しつつ、単なる模倣にとどまらずに、そこに「自社ならではのメッセージの発信」という新たな要素を加味することによって、第三世代のSPAを目指していることは前述したとおりです。同様に、トヨタのレクサスは、リッツカールトンなど、高級セグメント層を対象とする海外先進企業のマーケティング手法を学習しつつ、日本ならではの価値観を加味することによって、まったく独自の突出した存在感を確立しました。

このように考えると、グローバル・スタンダードを一方的に受け入れることも、旧態依然とした日本流経営を貫こうとすることも、日本人の伝統的な成長DNAから明らかに逸脱していると思われます。企業のDNAを磨き上げる以前に、日本人としての良質なDNAを覚醒させること。そうすると実は、思ったほど違和感なくメビウス運動を始めることができるはずです。そう、あの子供の頃の逆上がりのように。

第6章
組織の慣性を突破する

前章では、スマート・リーン経営を実現するためには、四つの見えざる資産を「つなぎ」、時に「ずらす」ことが必要であることを論じました。そして、そのような「つなぎ」と「ずらし」の運動を、メビウスの逆上がりとしてご紹介しました。

本章では、企業内でこのメビウス運動を回し続けるための仕掛けについて考えてみます。このような運動を企業内で動かすには、既存の組織体制では難しいものです。

多くの企業で、既存の組織に役割を落とし込もうとしても、うまくいかないケースがほとんどです。それぞれの役割を忠実に果たそうとするあまり、機能を超えた「つなぎ」がうまく機能しないのです。逆に、強引に社長直轄チームを組んでトップダウンで牽引しようとしても、一過性のものに終わりがちです。組織細胞の奥深くにまで浸透しにくいため、「つなぎ」や「ずらし」を継続して生み出していく組織力にはなりえないからです。

メビウス運動全体を有機的に「つなぐ」ためには、自律神経のような調整メカニズムが必要であり、脱学習に向けて組織を「ずらす」ためには、異質なものを触媒として自己変異するメカニズムを埋め込む必要があります。

空間軸上のねじれ

前章でメビウスの逆上がりのイメージは、それなりにご理解いただけたと思いますが、実際にこの回転運動を始めてみると、部門間で遠心力が働いてしまって、ばらばらな運動になりがちです。たとえば、スマート軸を重視するあまり多様な顧客の要望に応えようとする営業部門と、リーン軸を徹底するためにできるだけ画一的にオペレーションを回そうとする事業部門との間で、折り合いをつけることは簡単ではありません。それぞれの部門が担っている組織上のミッションが壁となって、スムーズな運動を妨げてしまうのです。

また、たとえメビウス運動をうまく回せたとしても、常に同じ立ち位置で回し続けていたのでは、「深化」はできても、「新化」や「伸化」は望めません。メビウス運動そのものが、新しい組織のクセとなって企業の進化を一つの型にはめてしまわないためにも、組織の慣性を突破する知恵が必要となります。

このように組織要件を構成する空間軸と時間軸には、本質的な二律背反が内包されています。この二律背反が、スムーズな「つなぎ」をさまたげる組織の慣性を生んでいるのです。

ここではまず、空間軸上の「ねじれ」現象をみてみましょう。

空間軸上での組織運動の本質は、顧客が本当に求めている価値を見極め、企業ＤＮＡや現場の知恵をテコに、そのような価値を体験するための手段として商品・サービスを提供することにあります。そのためには、常に流動化する市場に対して、組織の中に蓄積された知恵を総動員して、商品・サービスを最適化し続けなければなりません。

しかし、顧客側の論理と企業側の論理を同期させることは至難の業です。その典型が価格で、顧客側は常に、よりよいものをより安く入手したがる一方、企業側は短期的にはオペレーションの効率性・安定性を求め、長期的には投資に回すために利益を内部留保したがるからです。そこに空間軸上の本質的な二律背反があります。

実際に、通常の企業においては、顧客の視点に立って商品・サービスを目利きしようとする営業部門と、自社固有の資産を活用して商品・サービスを提供する事業部門の間に、深い溝ができやすいものです。この両者のジレンマを本質的に解くには、通常、営業部門側に事業責任を持たせるか、逆に、事業部門側に顧客ニーズを汲み取るメカニズムを持たせるかの、どちらかの組織的な解に頼りがちです。

伝統的に事業部門に軸足があった日本企業の多くは、営業部門に事業の軸足を移すことによって、顧客の論理を直接取り込もうとします。次章で詳述するように、パナソニックの中村邦夫前社長は、「中村改革」の初期に、マーケティング部門に事業責任を持たせたことによって、顧客指向を徹底させることに成功しました。

逆に、オペレーションの効率化やスケールアップを図るためには、事業部門に軸足を移しなおすことが効果的です。たとえば、ヒューレット・パッカードはカーリー・フィオリーナCEOの時代にはいったん営業サイドに軸足を振ったものの、マーク・ハードCEOに代わって、事業サイドに大きく軸足を移しなおしました。どちらが正解というのではなく、その時々に直面している経営課題に合わせて、組織の軸足を都度シフトしていくしかありません。

ミドル機能による「つなぎ」

この空間軸上での二律背反を恒常的につなぎなおす自律神経のような機能を、組織の中に埋め込むことができれば、組織の軸足を無理にずらすより、きめの細かい対応が可能になります。このような機能を、市場と自社の間を有機的に結びつける「見えざる中間機能」という意味で、「ミドル機能」と呼びます。

図19　<4+1>BOXと企業の「ミドル機能」

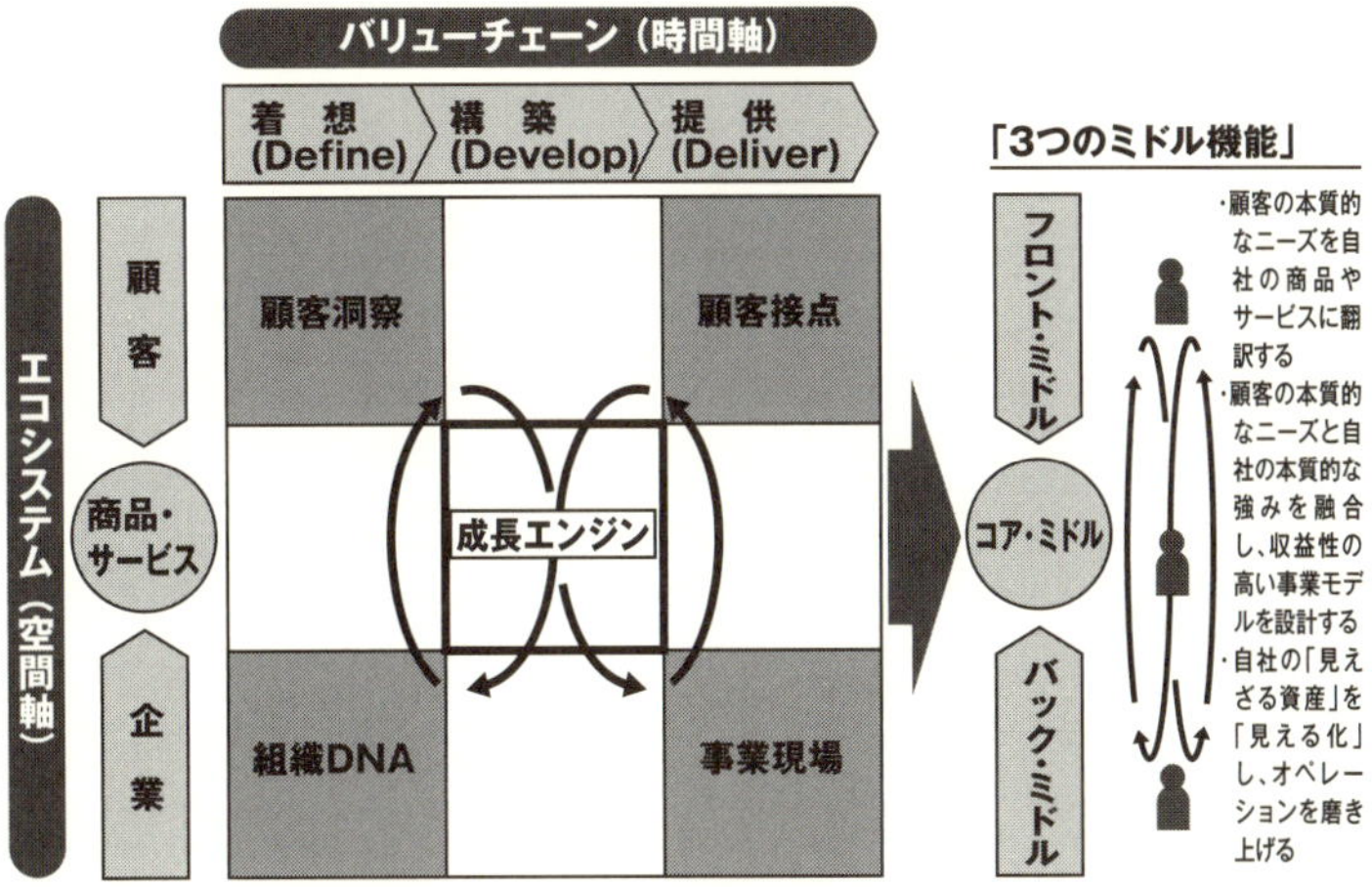

このミドル機能はそれぞれ、空間軸の三つの構成要素に対応しています。顧客に軸足をおくフロント・ミドル、自社に軸足をおくバック・ミドル、商品・サービスに軸足をおくコア・ミドルの三つです（**図19**）。

●「フロント・ミドル」は、顧客の顕在ニーズ（顧客接点）や潜在ニーズ（顧客洞察）を、自社の商品やサービスに翻訳する役割を担います。本来、マーケティング、営業、顧客サービスなど、顧客に近い部門が果たすべき機能です。ここでは、現在の顧客のフィードバックだけを傾聴するのではなく、未顧客・非顧客の行動にも注意を払う必要があります。また、顧客が本来とは異なる目的、異なる使い方をしている現場を観察し、そこから顧客の声が言葉として表現されていないニーズを汲み取ることが求められます。

●「バック・ミドル」は、自社の有形・無形の資産を徹底的に洗い出し（左下ボックス）、商品やサービスの創造から提供に至るまで、オペレーションに磨きをかける（右下ボックス）役割を担います。これは本来的には、購買、生産、物流など、オペレーションを管轄する部門が果たすべき機能です。ここではまず、自社の資産やDNAを総点検し、自社の強みを生かしたバリューチェーンを再構築することを検討します。一方、自社の弱みに関しては、外部資産や顧客をもバリューチェーンに組み込むことを視野に入れる必要があります。

●「コア・ミドル」は、これら二つの機能を融合させて、自社の商品・サービスに磨きをかけ、収益性の高い事業に育てていく役割を担います。本来、商品企画や事業開発などを担当する部門が果たすべき機能です。ここでは、いかに四つのボックスの真ん中に「成長エンジン」を仕掛けるかが勝負です。そのためには、いかに生態系全体に視野を広げて他社を巻き込み（レベレッジ）、小さく生んだ市場を大きく育てられる（スケール）かが問われます。

ただし、これらのミドル機能は、それぞれが独立した組織として存在するわけではありません。どこの企業でも、一見これらの機能をつかさどるかのような組織が存在します。たとえば、フロントとしての販売部門、バックとしての事業部門、コアとして経営企画部門。しかし、ミドル機能は、これらの固定的な組織体とは、本質的に二つの点で異なります。

第一に、空間軸上、それぞれの「立ち位置」にとどまらず、他の二つの機能にまで踏み込んで、一体感のある運動を展開する点です。フロント・ミドルが市場深耕型の落とし穴にはまらないためには、自社の本質的な強み（DNAや事業現場）を十分視野に入れる必要があります。バック・ミドルが資産深耕型の落とし穴にはまらないためには、顧客の視点に立って、自社の資産が持つ潜在的な価値をいかに再定義できるかがカギを握ります。コア・ミドルは言うまでもなく、フロントとバックをつなぐことが主務となります。したがって、これらの機能を組織的に専門分化させることは不可能であり、一体となった組織や個人に担わせることによって、顧客、オペレーション、事業の「結節点」が生まれるのです。

たとえば、トヨタの「主査（チーフエンジニア）」は、一つの車種の企画・開発・生産・販売などのすべての機能を一貫してつかさどることで知られています。コア・ミドルの立ち位置から出発しつつ、フロント・ミドル、バック・ミドルの役割にも踏み込んでいます。

ただし、筆者のコンサルティングの経験では、このように傑出した個人に権限を集中させるのではなく、組織横断型のプロジェクトチームを中心にこれらのミドル機能を融合させるアプローチも有効です。実際にトヨタも最近では、主査にパワーを集中させるのではなく、チーム全体でミドル機能を担う方向にシフトしています。

第二に、時間軸上、これら三つの機能がお互いに連携し刺激し合って、それぞれの機能を進化させていくという点です。専門特化してしまうのではなく、三つの視点の乗数効果によってより新しい視座を獲得していく。実際に市場に商品を投入した後の顧客の反応を見て（フロント）、自社の強みと弱みを再確認する（バック）。そのうえで、顧客にとって新たな体験価値を見極め（フロント）、事業モデルに落としていく（コア）。まさに、これら三つの機能が一体となって初めて、メビウス運動が回り続けるのです。

ユニクロを駆動するミドル機能

ミドル機能の実際を、ユニクロのケースでみてみましょう。

ユニクロには、店舗を運営する販売部門とモノづくりを担当する素材調達・生産部門の間に、本部機構があります。そこでは、店舗開発・店舗設計（フロント・ミドル）、商品企画・販売促進（コア・ミドル）、物流管理・在庫管理・素材開発（バック・ミドル）などの機能を担っています。通常は、それぞれの機能ごとに期待された役割を果たしていますが、「プロジェクト」に参加した際には、他の部門と密接に連携することによって、ミドル間の「つなぎ」を実現しています。

ユニクロの世界戦略の橋頭堡となった、ニューヨーク・ソーホー旗艦店プロジェクトをみてみましょう。全体の指揮をとったのは、当時ユニクロUSAの堂前宣夫代表。コア・ミドルを担ったのは、堂前氏自身を中心に、ソーホー店立ち上げの二年前にスタートさせた「ユニクロ・デザインスタジオ・ニューヨーク」のメンバーです。バック・ミドルは、トヨタ出身の永井弘執行役員が率いるグローバル生産本部が肝いりでサポートしました。

圧巻は、フロント・ミドルです。クリエイティブ全体を統括する佐藤可士和アートディレクター、店舗デザインを手がけた片山正通インテリア・デザイナー、ウェブ・デザインを担当した中村勇吾インターフェース・デザイナーなど、外部のプロフェッショナルが参画しました。堂前氏の言を借りれば、「今考えられる最高のデザイナーが集まった夢のようなチーム[1]」です。

これらのメンバーは外部の目から、「ユニクロらしさとは何か」を徹底的に洗いなおしました。佐藤可士和ディレクターは、この「問診」プロセスを踏まえて、「合理性を美しさに変えるシステムがユニクロの原点[2]」と喝破します。そしてこの合理性は、日本固有の美意識そのものですらあると考えます。そこから生まれたキーワードが「美意識ある超合理性」です。ソー

1　柳井正監修『ユニクロ思考術』（新潮社、二〇〇九年）
2　同

ホー店は、この一点に絞り込んで、「圧倒的な迫力で世界へプレゼンテーションする」ことが目指されたのです。

片山デザイナーは、このコンセプトを店舗デザインに着実に反映させることを目論みました。「いままでのユニクロの一番いいところを整理整頓して、徹底的にピカピカに磨き上げて、ニューヨークのソーホーに差し出す、ということです」と片山氏は言い切ります。その結果、大きなスケールで大胆な構えの中で、ユニクロの商品の実力をシンプルに引き出す、という店舗づくりを目指しました。さらに同氏が大事にしたことが、「あの店に行って買い物をするのが楽しいと思われること」。「ぼく自身が買い物好きだから、お客さんにもそんな気持ちになってもらえるようにつくっています[3]」

外部人材である彼らが、ユニクロの「本質」を研ぎ澄ませる。店舗の装飾に凝るのではなく、ユニクロの商品価値を最大限に引き出すことを目指したのです。フロント・ミドルの立ち位置にいながら、バック・ミドルやコア・ミドルにまで踏み込んで仕事をしていることがおわかりいただけるかと思います。ちなみに、ソーホー店は二〇〇六年一一月に開店。約三〇〇〇人が行列をつくるという、大盛況のオープニングとなりました。

このようにミドル機能が連携してプロジェクトを駆動していく手法は、ユニクロの「勝ちパターン」となっています。大型店舗開発だけとっても、最初の心斎橋筋店プロジェクト、次の銀座店プロジェクトなど、同様に内外の人材が一体となって、知恵と汗を搾り合うようなプロセスで進められました。

海外でも、このソーホー店の大成功を横展開すべく、佐藤可士和氏と片山正通氏のコンビは、二〇〇七年七月に開店したロンドンの旗艦店、二〇〇九年一〇月に開店したパリの旗艦店と、グローバル旗艦店プロジェクトのプロデュースも手がけています。ファーストリテイリンググループ上席執行役員CSO（Chief Strategy Officer）であり、かつFRフランスのCEOを兼務している堂前宣夫氏は、パリ旗艦店開店の大成功の直後、筆者にこう語りました。

「今回のパリでも、やっぱり中心となるメンバーは同じでしたね。組織で動くのではなく、共通の志を持った人同士のつながりが基本。グローバル・ワンを目指すには、実践の中でこのような動き方ができる人材がどれだけ育ってくるかが勝負になります」

堂前氏は、ユニクロに入社する十数年前まではマッキンゼーで筆者の同僚でした。コンサルタント時代から仮説を設定し検証していく力は群を抜いていましたが、さらにそこに実践の重みが加わって、迫力が増しています。四〇歳になったばかりの彼のような次世代リーダーが核となってミドル機能を回しているところに、ユニクロの底力があります。

3　柳井正監修『ユニクロ思考術』（新潮社、二〇〇九年）

このケースのように、異質な試みを確実に成功させるためには、次世代リーダークラスの人材が、外部のピカピカの人材を巻き込んで、ミドル機能を担うことがカギとなります。

ミドル機能の埋め込み

もう一つ、別のケース。これは、最近筆者がコンサルタントとして直接お手伝いした事例なので、実名は伏せてA社ということにさせていただきます。

A社は装置メーカーで、汎用品を海外で大量生産し、代理店を通じて大量に売りさばくのが得意でした。右肩上がりの成長期には大きな武器となったプッシュ型のバリューチェーンも、成熟期に入って制度疲労を起こしていたのです。

これに対して、競合のB社が、ある先端分野の商品でA社を凌駕する存在に成長してきました。B社は、自前の生産工場を持たない、いわゆるファブレス企業。直販によるコンサルティング営業で、顧客からのプルを引き出すことに長けていたのです。しかも、これらのソリューションを横展開することによって、スケールを出すという事業モデルを確立していました。

A社の中で、次世代成長に向けた予備検討（フェーズ0）が始まりました。顧客や非顧客へのディープ・インタビューを繰り返すことによって、自社の本質的な強みが、メーカーとしての実証力と、代理店網による幅広い顧客接点にあることが再認識されました。これはどちらもB社にはない、A社ならではの強みです。しかし、そのパワーがこれまでは、提案型の事業モデルに組み立てられていなかったことが明らかになったのです。ここまでの検討に、およそ三カ月かかっています。

そこでA社の中に、販売部門のトップをリーダー、事業部門のトップをサブリーダーとした「プル&プッシュ型販売モデルチーム」(仮称)が組成されました。チームメンバーは、営業部門、事業部門、企画部門のエース級の部長で、それぞれがフロント、バック、コアのミドル機能を担いました。

まず社内の営業部門とプロジェクトチームの間で顧客への価値訴求の仮説を立て、実際に営業部門とともに顧客を直接訪問しました。プロジェクトチーム側は、共同研究を働きかけたり、新商品のコンセプトを説明したりしました。顧客からは、これらの働きかけや仮説に対する反応に加えて、日常的な商品の利用に関するフィードバックや不満も聴取。これに基づいて、チーム内で再度価値訴求仮説と商品コンセプトを練り上げるとともに、事業部を巻き込んで、新商品の企画・開発とバリューチェーンの設計を行いました。このようなサイクルを繰り返すことによって、いくつか先行顧客が取れ始め、モデルとなる成功事例も出始めてきました。このフェーズ1が、六カ月程度かかりました。

そして、次のフェーズ2で、いよいよ「成長エンジン」の構築に入ります。本プロジェクトの成否はここにかかっていたのです。なぜなら、提案営業を直販でチョロチョロと行っているだけでは、個別案件対応となって、A社の事業スケールでは間尺に合わないからです。

フロントが最も大きなチャレンジとなりました。直販での提案営業の成功パターンを、資本が異なる代理店網に広げていくのは、極めてハードルが高いからです。スキル（技能）とウィル（意欲）で代理店を分類し、その両方が高い数社をパイロット代理店として選定。そこにフロントが中心となって営業支援をすることによって、徐々に提案営業の成果が出始めました。最初、半信半疑だった代理店側も、顧客が喜んでくれ、かつ、注文が取れ出したことで、が然この新たな販売手法の「信奉者」に変わっていったのです。なかには、自社の成功体験を他代理店に「布教」する運動を、買って出るところすら出てきました。

こうなると、代理店網に強みを持つA社にとって、最も得意とするレベレッジ・パターンに入っていきます。しかも、代理店の営業スキルの底上げになり、かつ、力のある代理店とそうでない代理店が可視化され、代理店システム全体のレベルアップにつながったのです。

バックでは、中国で稼働が始まった自社工場を、提案のためのショールームとする試みが始まりました。自社の最新鋭の設備を代理店の営業マンが実際に見ることにより、ソリューション提案の迫力が増します。また、顧客に工場の稼働を実際に見せることで、顧客の納得感が高まります。スマート・リーン型のモデル工場を顧客に体験してもらうこと自体が、B社には真似のできない顧客にとっての体験価値になったのです。

コアでは、二つの仕組みが手がけられました。一つ目は、コンサルティング営業の成功事例を構造化して、ソリューション・パターン（「型紙」）に落としていく仕組み。これは、営業サイドには「セールストーク集」として広められ、事業サイドには、商品企画に盛り込む機能モジュールのネタとして利用されていきました。これによって、フロント・バックでのスケール化が実現できたのです。

もう一つは、営業部門と事業部門の間での異動を積極的に仕掛けたことです。人を通じてそれぞれの「見えざる資産」が共有化され、社内全体での資産の可視化が進みました。同時に、部門を超えた資源の最適配分を行えるようになったのです。

このフェーズ2にかかったのが、約一年。丸二年越しのプロジェクトとなりましたが、A社は、このプロジェクトの結果、事業の売上げを二〇％以上伸ばすことができたのです。

時間軸上のねじれ

以上、空間軸上のねじれの対処方法を論じてきました。一方、時間軸上のチャレンジは、

「右側」で既存事業として粛々と実践しつつ、そこでの顧客からの学びや自社に蓄積された資産をテコに、「左側」で新しいイノベーションを仕掛けていくことにあります。これは、空間軸上のねじれを解消する以上に難しい作業です。

企業は当然のことながら、今日のメシの種である既存事業（右側）に軸足をおいており、次世代事業（左側）の検討はないがしろにしがちです。特に既存事業そのものをおびやかすような破壊的な事業に対しては、既存事業側が強い免疫反応を引き起こし、社内でつぶされることも多いでしょう。また、拡業型の新規事業の仕込みに熱心な企業でも、既存事業を凌駕するまでに大きく育つケースはまれです。そこには、既存事業と次世代事業の間で、ヒト、モノ、カネなどの企業資産をいかに配分するかという本質的な課題が潜んでいるのです。

次世代事業は「社内ベンチャー」的に、既存事業から距離をおいて仕込まれることが多いようです。しかし、既存事業によって培われた多様な資産を活用できなければ、本当のベンチャー企業と変わらないどころか、意思決定のスピードやリスクの取り方において、むしろ大きなハンディを背負いかねません。

一方、資産リッチな既存事業のもとで次世代事業の種を孵化させる手法としては、３Ｍの「スカンクワーク」が成功事例として有名です。しかし、このような手法だけでは、既存事業に取って代わるだけのスケール感のある事業が生まれることはまれです。ましてや破壊的な事業が、古い皮袋の中で大きく育つことは皆無に近いでしょう。「ゼロ・サム」としての資産配分を前提とするかぎり、既存事業と次世代事業が抱える本質的な二律背反を解消することはできません。既存事業と次世代事業の間で資産をずらして分配・流通する際に、いかに資産を「プラス・サム」化ができるか。そのためには、四つの「見えざる資産」の要となる組織DNAを磨くことがカギとなります。

活用されていなかった「見えざる資産」を見つけ出すことによって、DNAの持つ潜在的価値の顕在化（スマート化）を図る。たとえば日本の伝統的な製造会社の場合、顧客の要求を丹念に商品やサービスに落とし込んでいくエンジニアリング力や、外注先を巻き込んだタイトなサプライチェーンの構築力が、本質的な資産になっていることが多いものです。このDNAをうまく活用すれば、アップルよりもスマートな次世代メディア端末や、デルよりもスマートなサプライチェーンの仕組みをつくり上げることも夢ではありません。

同時に、資産活用の効率化（リーン化）を通じて、資産生産性を高め、結果的に活用できる資産のプラス・サム化を果たします。たとえば日本の伝統的な製造業や小売業の場合、生産や流通の現場におけるリーン化の徹底はDNA中のDNAともいえます。このような資産効率化の視点を、設計、営業、間接スタッフなどの業務にも広げることができれば、既存事業から新規事業へと配分できる資産が増えます。さらに、外部資産を効果的に活用する知恵が蓄積された次世代事業側の資産を既存事業に再注入することによって、既存事業側の資産の多重化が一層進む効果も期待できます。

このように、「見えざる資産」の磨き込みと、その生産性の飽くなき向上こそが、既存事業と次世代事業の間で生まれる「ゼロ・サム」型のジレンマを「プラス・サム」型に解消し、現在（右側）と将来（左側）をつなぐメビウス運動の原動力となるのです。

リクルートの「ずらし」の仕掛け

現在から未来への「ずらし」を組織的に行うためには、動的DNAを覚醒させる必要があることは、前章で論じたとおりです。この動的DNAを強く顕在化させている企業の場合、空間軸で論じた三つのミドル機能が、時間軸上でも右側から左側へのずらしを仕掛ける触媒となります。

リクルートは、動的DNAを強く持った企業の典型例です。同社を例にとって、ミドル機能による「ずらし」の仕組みを検証してみましょう。

まず、バック・ミドルです。リクルートの最大の強みは、全社員がバック・ミドル機能を果たしうる点です。「自ら機会を創り出し、機会によって自らを変えよ」という理念が、成文化・制度化され、社員に広く浸透しています。それだけでなく、そのような創発性を促すような仕組みが組織ＤＮＡの奥深くに埋め込まれています。ここでは、われわれが組織の自律神経系を分析する際によく使うＣＡＲＥ（Capability, Authority & Responsibility, Evaluation）というフレームワークに沿って、いくつかの仕組みをご紹介しましょう。

①人材・能力（Capability）

●新卒採用に三分の一の社員を割き、「トンガッた」人材を選別する
●中途採用によって、積極的に異質な人材を取り込む
●内定者研修によってＤＮＡを浸透させる
●組織内外の人材の出入りにより、常に新陳代謝を進める
●定型業務は外部ネットワークに頼り、社員は創造性の高い非定型業務に集中する

②権限・責任（Authority & Responsibility）

●新規事業は現場がボトムアップで立ち上げる
●成功確率が五〇～七〇％程度のストレッチ目標を自身で設定する
●詳細なアサインメントをしないことにより、現場が自身で考え行動する
●社内に小さな会社（プロフィットセンター）を乱立させ、権限を委譲して競わせる

●入社すぐに事業の責任を持たせることで、経営感覚を身につけさせる

③評価（Evaluation）

●事業部の業績、個人業績で、報酬に大きく差が出る成果主義を徹底する

●成功者には名誉で報いることによって、モチベーションを上げる

ベンチャー的な組織というと、成果主義的な評価の仕組みが注目されがちですが、リクルートの場合、むしろ①の人材の獲得・育成や、②の権限・責任の与え方に、独特の工夫が凝らされています。

リクルートでは、このような強固なバック・ミドルの基盤の上に、フロント・ミドルとコア・ミドルの仕組みが組み込まれているのです。

フロント・ミドルにおけるリクルートの最大の特徴は、このようにしてすり込まれた同社のDNAを色濃く持った社員が、顧客接点を持っている点です。「わからないことは客に聞く」がリクルートのマーケティング上のDNAです。特に未顧客・非顧客の不平・不満を深く理解し、これら将来の顧客に伝わりやすい媒体に落とし込んでいくセンスは卓越しています。

リクルートでは、バックやフロントがイノベーションの「現場」であるとすれば、コア・ミドルは常に黒子的な存在です。コアがつかさどっている機能は主に二つあります。

一つは、「ニューリング」と呼ばれるビジネスプランコンテストの事務局機能です。ここでは、役員と新規事業開発室が中心となって、現場から上げられた事業プランと社内資産との整合性を検証します。そして、新規事業と既存事業の間での資産の「ねじれ」がある場合には、資産の流動化を働きかけます。

もう一つは、事業を実践する際の機能間の「つなぎ」を可視化し、メビウス運動がきちんと回っていることを定期的にチェックすること。「ナビゲーター」と呼ばれる支援機能です。フロントやバックが極めてパワーを持った組織であるだけに、コアは、このような調整・支援機能を果たすことで、全体のバランスを保つ働きに徹しているのです。

異質性の取り込み

リクルートのように、動的ＤＮＡが脈動しているような企業は残念ながら多くありません。一般の企業は、いったん学習したメビウス運動を何回も繰り返してしまいがちです。このような同質なサイクルから抜け出して、新たなメビウス運動を始動させるためには、社内外の異質なものをあえて取り込む仕掛けづくりが有効です。

リクルートはこれを人材レベルで行っているため、ＤＮＡそのものに異質な血が入り込んできます。しかし、一般の会社が少数の異質な人材を中途採用しても、ＤＮＡそのものが変質するほどのインパクトは期待できません。むしろ、事業を営む中で、異質な取り組みを仕掛けたほうが、効果的です。そのためには、大きく三つの手法が考えられます。

一つ目は、社内辺境型。社内に、これまでとはまったく異なったやり方を実験的に試みる組織を立ち上げます。自社に閉じたまま、突然変異を起こすことは極めて難しいものですが、できるだけ本体のＤＮＡの影響を受けない「辺境」で、あえてこれまでの常識を打ち破る取り組みを仕掛けてみるのです。

一九九六年、当時のトヨタの奥田碩社長は、トヨタの中に新しい試みにチャレンジするＤＮＡが薄れてきたことを憂慮し、ＶＶＣ（Virtual Venture Company）という取り組みを立ち上げました。トヨタらしくないクルマをつくり、これまでにない体験価値を提供することがこの仮想ベンチャー企業に与えられた使命です。

ＶＶＣのトップは清水順三部長（現在、豊田通商社長）で、二六名のメンバーはすべてトヨタ社員。本社から物理的にも距離をおき、三軒茶屋におしゃれなオフィスを構え、そこには、デザイナー、自称「若者世代ウォッチャー」、異業種の人材などが、ひっきりなしに出入りしました。その中から生まれたのが、Ｗ·ｉＬＬというブランドです。他のトヨタ車と同じ車体を使いながら、度肝を抜くようなデザインの、まさにトヨタらしからぬクルマに仕上がりました。読者の中には、シンデレラが乗る馬車のような外装のＷ・ｉＬＬ Ｖ・ｉを覚えておられる方も、少なくないのではないでしょうか。また、今もお台場の名所の一つになっている自動車アミューズメントパーク「メガウェブ」も、ＶＶＣが企画したものです。

ＶＶＣが企画した商品に対する本社の反応は、まさに筋書きどおりでした。営業担当役員は「初めて商品を見た途端に気絶しそうになった」と、当時を振り返ります。また奥田社長（当時）自身、「月一〇〇台しか売れないと思ったがＧｏを出した」と語っています。まさに、「トヨタらしくないクルマづくり」というミッションを見事に果たしたといってよいでしょう。

ＶＶＣは、最初から期間限定プロジェクトとしてスタートし、二〇〇二年末に解散しました。大トヨタからみれば、商業的な成果はほとんどないといっていいでしょう。しかし、これまでの常識にチャレンジしたことで、トヨタの動的ＤＮＡを目覚めさせた功績は大きいといえます。「Ｗ・ｉＬＬプロジェクトを見て、ああいうやり方もあるんだなと思った」という本社側の某主査のコメントが、本業へのインパクトの大きさを伝えています。「世代に合ったクルマづくりは、その後、ｂＢやファンカーゴなど、トヨタのヒット商品に受け継がれ、さらに、アメリカでサイオンという若者向けのブランドを立ち上げるきっかけにもなりました。

筆者の経験では、このような実験的な取り組みが、大きな次世代事業に化ける確率は、実は極めて低い。しかし、このトヨタのケースが示すように、本業における脱学習の契機とすることができれば、ローリスクでハイリターンが期待できます。

二つ目は企業買収。異質な血を大量に取り込むということでは、直裁的な手法です。特にクロスボーダーM&Aとなると、異質度が一気にジャンプします。ただしそれだけに、難易度も一挙に高まります。遠慮してこわごわと経営するためにいつまでもバリュー・アップができなかったり、逆に自社のDNAに染め上げようとして、相手が本来持っていた見えざる資産を減価させてしまうからです。

もちろん、クロスボーダーM&Aで成功を収めている企業も少なからず存在します。たとえば、オリンパス。同社は、欧州で医療系の会社を中心に、次々とM&Aを展開し、欧州事業を急拡大させました。それだけでなく、買収先の有能な経営者をアメリカの事業のトップに抜擢するなど、異質な経営人材の獲得という側面でも、M&Aを積極的に活用しています。「M&Aは異文化と人を買うことである」という同社幹部のコメントにも、その自信のほどがうかがえます[4]。

ただし、クロスボーダーM&Aを成功させるには、思った以上の時間がかかるケースが多いようです。たとえば、富士通がイギリスのコンピュータ企業のICL（当時）に資本参加したのは一九九〇年にさかのぼります。その後、一九九八年に完全子会社化、二〇〇二年に現在の富士通サービス（FS）に改称、そして、FSのトップだったリチャード・クリストウ卿を、富士通本社のグローバル・ビジネス・グループのトップにまでもってきたのが二〇〇八年のことです。この間、実に二〇年近くになります。クリストウ副社長の指揮のもと、富士通はさらにM&Aに拍車をかけながら、次世代のグローバル事業の基盤づくりを加速しています(5)。

クロスボーダーM&Aによって、異質なDNAを自社のDNAと融合させるには、高度な経営スキルと時間が必要です。極めてハイリスク・ハイリターンな手法となります。

三つ目は、第2章でもご紹介した「協創」です。社内辺境型もM&Aも、自社の中で掌握するモデルであるのに対して、協創は他社と異質な知恵を出し合うことによって新しい価値を創造していくモデルです。そのためには双方に信頼関係があり、お互いが持っている資産の補完性が高く、かつ、目指す方向を共有できることが大前提となります。そのうえで、パートナー間のウィン‐ウィン関係を設計し、実現していくためには、極めて高度な関係構築能力が要求されます。

トヨタに代表されるように、日本企業は生態系の中で協創することを従来より得意としてき

4　オリンパス光学工業株式会社 研究開発統括室長 執行役員（前人事部長）高山修一氏 による現代経営技術研究所主催の産業事情検討会での発言
5　富士通、野副州旦社長（当時）の「世界ICTサミット2009」でのプレゼンテーション資料（「グローバルICT企業への挑戦」）など参照

ました。第2章でご紹介したユニクロと東レのバーチャルカンパニーは、最近の成功例です。同心円上の運動から大きく抜け出すためには、クラウドの「こちら側」の任天堂と「あちら側」の「はてな」が手を組んでいるように、より異質なプレーヤーとの協創を通じて、「脱学習」のサイクルを回すことが求められます。そのような脱学習をうまく仕掛けることができれば、ローリスクでハイリターンが期待できます。

「新化」と「伸化」を仕掛ける

ここでもう一社、具体的なケースを挙げます。やはり仮名でC社と呼びます。C社は精密機械メーカーで、本業では世界トップクラス。しかし、本業が強い一方、どうしても第二、第三の柱となる事業が育たないのが課題でした。そこで、どのような事業をいかに大きく立ち上げるかが、次世代成長に向けた経営課題の一つとなったのです。

一〇名足らずの中堅の役員クラスを社長直轄の「NGG（Next Generation Growth）プロジェクト」（仮称）のメンバーに抜擢し、約一年間にわたる検討を開始しました。メンバーは、当初、本業から離れた「飛び地」事業をいかにつくるかという議論からスタートしました。しかし、この手の「ノン・コア（非中核）」事業がこれまでことごとくうまくいっていない事実があらためて明白になる中で、「飛び地」議論は下火となっていきます。一方で、過去C社で新しい事業が大きく育つときのパターンが、二つあることもみえてきました。

一つは、本業そのものが技術革新によって時代遅れになるおそれがあるとき。たとえば、アナログからデジタルへの移行はその際たるものでした。「イノベーションのジレンマ」に陥るくらいなら、自らがイノベーターとなって新しい市場をつくり上げようとする動的DNAが、C社が過去大きな危機を乗り越えてここまで成長してきた原動力です。

もう一つは、本業そのものと補完性が高く、本業そのものの価値を向上させつつ、新たな収益源をもたらす事業です。たとえば、機器の保守サービスが典型的です。保守に限らず、より顧客の業務に近いソリューション型のサービスや、顧客の業務そのものをアウトソーシングするサービスなど、幅広い「拡業」の可能性が考えられました。またアナログ技術とデジタル技術の両方を握っている強みを、本業とは異なる領域に適用することで、新しい業態づくりを加速する可能性もみえてきました。本書でいうところの「伸化」です。

このような議論を経て、C社のNGGプロジェクトチームは、実際の事業開発テーマを選定し、実践に移っていきました。その際には、前記の三つの手法が組み合わされて使われていきます。

まず、B2B型の部品事業や、B2C型のクラウド・サービス事業など、本業そのものと一見関連がなさそうにみえるものは、社内ベンチャー的な位置づけでスタートしました。社内辺境型です。しかし、「飛び地」のままではいつまでもスケール化がみえないので、本業との間に太い架け橋を結ぶことが「二弾目のロケット」として目論まれています。

二つ目のM&Aは、次世代の本業と拡業のそれぞれの領域において実施されました。しかも、日本と海外両方で、大型のM&Aを矢継ぎ早に仕掛けたのです。クロスボーダー型のほうは、ご多分にもれず、バリュー・アップの成果が出るまでは、相当時間がかかりそうですが、着実に次世代の成長エンジンとして整備されつつあります。

そして付加価値サービス領域においては、多層的な「協創」が仕組まれています。グローバルでトップクラスのIT事業者、通信事業者、ソフトベンダーなどに加えて、ヘルスケアや教育、金融などの公共サービス分野の専門プレーヤーや先進的な顧客企業など、協創のパートナーは極めて多岐にわたります。成果がみえてくるのはこれからですが、従来の「機器プラス保守」にかわる新しい事業モデルが模索されています。

C社のNGGプロジェクトチームは、営業（フロント）、事業部（ミドル）、R&D（バック）などの分野を管掌する中堅役員クラスがミドル機能を担って、非連続な成長や拡業を仕掛けていったケースです。このプロジェクトのリーダーは、その後C社のCEOに昇格、他のメンバーも中核幹部となって、次世代成長に向けた変革を加速しています。

ミドル機能を呼び覚ます

C社のような企業は、実は日本の中に少なくありません。平時は「カイゼン」型の深化に勤《いそ》しみ、同心円上のメビウス運動を回し続けます。和を尊び、個人プレーより組織行動を優先する日本企業にとって、ミドル機能による「つなぎ」は、本来、十分体質に合っているはずです。しかし、組織が肥大化するとともに、いつのまにか自分の組織の中だけの運動に閉じこもりがちになります。その際にはC社のように、ミドル機能を大きくつなぎなおす全社プロジェクトを仕掛けることで、空間軸上のねじれを乗り越えられるはずです。

また、いざ「戦時」となると、これまで眠っていた動的DNAが覚醒する企業も少なくありません。「会社の寿命は三〇年」[6]という衰退ルールを乗り越えて生き残っている企業は、何回かの危機を迎え、それなりに変態を遂げてきた歴史があります。C社のように、将来シナリオを描くことによって現状に対する危機感を呼び起こし、企業の奥深くに潜む動的DNAを揺り動かすことによって、時間軸上のねじれを乗り越えられるはずです。そしてその際にも、C社

6「日経ビジネス」（一九八三年九月一九日）

のようにミドル機能が中心となって、変革の起爆剤を組織の中に多層的に埋め込み、全社を大きく揺さぶることが求められます。

「日本企業の最大の弱点は、経営者の力量不足だ」といわれ続けてきました。確かに、トップダウン型の欧米企業に比べると、日本のトップは大きな意思決定ができず、優柔不断にみえるのも確かです。しかし、経営トップに本来求められていることは、組織の潜在力をあますことなく引き出して、組織全体に学習と脱学習を繰り返させることです。そのような学習優位を築くためには、トップ一人の力量で組織を牽引するのではなく、組織細胞に埋め込まれたミドル機能が中心となってメビウス運動を仕掛けることが有効です。そして本来、日本企業は、そのようなミドル機能を自己組織化させることには長けていたはずです。

組織の慣性を破って、大きなメビウス運動を回すにはどうすればいいか。ここでも答えは、ミドル機能による「つなぎ」と「ずらし」という、日本企業が本来持っていた組織の知恵を呼び起こすことが近道のようです。

第7章
企業進化の実践

これまでの三つの章で、企業の進化のメカニズムとダイナミズムを論じてきました。簡単に復習すると、四つの「見えざる資産」とその真ん中の成長エンジン、それらを結ぶメビウス型の非線形運動、その運動を駆動する自律神経系のミドル機能、という流れです。これまでで、理屈は十分ご理解いただいたかと思います。あとは、いかに実践するかです。

本章では、メビウス運動を動かし始め、定着させるための実践論を論じます。実践はまさに実践でしか経験できないので、あまり議論をしていても始まりません。ただ、まったくの無手勝流で始めるより、いくつかの定石なり、落とし穴なりを事前に知っていたほうが、多少は心強く感じられるのではないでしょうか。

次世代成長に向けた変革というテーマは、古くて新しいテーマです。欧米の経営モデルには、それなりの定石が確立しています。ただし、筆者の現場での経験では、この手の欧米流を教科書どおりにこなせる日本企業はまれでした。「固定費構造を徹底的に軽くする」などという欧米流の芸当が、日本ではなかなかすぐにはできないからです。しかもそこは、「見えざる資産」としての現場の知恵の宝庫でもあるだけに、固定費を軽くしてからメビウス運動を仕掛けようとすると、せっかくの資産が雲散霧消しているということにさえなりかねません。

そこで、欧米流の狩猟型モデルでもなく、かといって旧来の日本流の農耕型モデルでもない、「遊牧（ノマド）」型とでもいうべきモデルをご紹介します。パナソニックが存亡の危機に直面した際の「中村改革」などの事例を取り上げながら、この新・日本型変革モデルの実際を、読者の皆さんとともに疑似体験してみたいと思います。

経営変革のグローバル・スタンダード

欧米企業で経営変革を成功させるときの定石は、「Shrink-to-Grow」と呼ばれるモデルです[1]。縮退によって資産を徹底的に圧縮（Shrink）したうえで、新たな資産を獲得することによって次世代成長（Grow）に向かうというものです。具体的には、次のような打ち手から構成されます。

①キャッシュ上の打ち手：在庫や出入金管理の徹底によってキャッシュ・コンバージョン・サイクルを短縮する（Shrink）
②損益計算書上の打ち手：事業運営の仕組みを徹底的に簡素化することによって、オペレーション費用を極限まで切りつめる一方（Shrink）、マーケティング費用は逆に増やして、市場シェアを他社から奪う（Grow）
③バランスシート上の打ち手：中核事業以外は売却（Shrink）する一方、M&Aをテコに成長市場への参入を加速することによって、バランスシートを毀損することなく事業ポートフォリオを再構築する（Grow）

このShrink-to-Grow型のV字回復モデルは、企業再生の常套手段となっています。一九九〇年代に、危機に陥っていたIBMを再生させたルイス・ガースナー前CEOも、その一〇年後、コンパック買収後の大低迷期にヒューレット・パッカードのCEOに抜擢されたマーク・ハードも、Shrink-to-Growを基軸に全社変革を進めました。

1　Shrink-to-Growに関しての詳細は、小森哲夫、名和高司著『高業績メーカーは「サービス」を売る』（ダイヤモンド社、二〇〇一年）参照。

もちろん、ハイテク産業にかぎらず、Shrink-to-Grow に基づく企業再生の成功事例は、欧米では枚挙に暇がありません。今回の景気後退局面においても、欧米の優良企業の多くは、Shrink-to-Grow モデルを踏襲しています。たとえば、ゼネラル・エレクトリック（ＧＥ）のジェフリー・イメルトＣＥＯは、金融や家電などの事業を Shrink の対象とする一方、次世代の成長が期待される環境・エネルギー関連事業に資産を大きくシフトしています。

日本型変革モデル

しかしながら、日本企業が Shrink-to-Grow をやろうとすると、Shrink を深く切れ込めず、どうしても旧来の固定費構造を抱え込んでしまいます。また Grow 側でも、外部資産を買うキャッシュもなく、自前の資産でなんとかやりきろうとするため、スピードもスケールも出ません。その結果、Shrink-to-Grow によってたくましく蘇ってくる欧米型の企業に、大きく後れを取ることになります。

筆者も、外資系コンサルティング会社のコンサルタントという立場から、日本企業に対して、Shrink-to-Grow 型の変革モデルの必要性を何度も説得しようとしました。なかには「ぜひ、やってみよう」と乗り気になっていただける企業もあるものの、いざ実施してみると、どうしてもShrinkが徹底できず、大きなインパクトにつながらないケースがほとんどでした。

そのようななか、ある経営トップから二〇〇〇年初頭の景気後退期に、「今度の全社変革は、Shrink & Growでいこうと思う」という相談をいただきました。この企業（D社と呼びます）は、日本を代表するコングロマリット型のメーカーです。この経営者は、ある部門のトップだった頃、その部門でShrink-to-Growモデルを試してみましたが、やはり思い切ったV字のメスが入らなかったという経験の持ち主です。

前回は、Shrinkを先にやろうとしたため、現場の抵抗が大きかったことが敗因と分析。今回は、大きくGrowさせる領域を明確にし、そちらに向けて資産をシフトすることで、痛みを伴うものの、将来性のある道筋を示すことを狙ったのです。

さっそくトップ直轄の特命プロジェクトに、少数精鋭のメンバーが集められました。トップと彼らは、毎週のように膝をつき合わせて、大きく四つのステップで、変革のグランドデザインを行っていきました。

第一ステップでは、社内・社外インタビューやこれまでの歴史を通じて、D社の本質的な強みを抽出していきます。〈4＋1〉ボックスの右上（顧客接点）と左下（DNA）を結ぶ作業です。D社はもともと技術指向が強く、それをモノづくりに落とす力も高いものがありました。我々は、社内・社外のインタビューを通じて、それを「社会や顧客の抱える問題を常時センシング（感知）し、その解決手段を実際にアクチュエートする（動かす）エンジニアリング能力（2）」と読み替えました。この概念は、その後、同社のブランド戦略の基軸にもなっていきました。

第二ステップでは、数多の事業機会を、このDNAに照らし合わせて、コア、フューチャー・コア、ノン・コアの三つの領域に仕分けしていきました。左下と左上のボックスを結ぶ作業です。

コア事業は、今後五年間、確実に収益を上げつつ、グローバル規模でのさらなる成長を目指す領域（たとえば、社会インフラ事業）。フューチャー・コア事業は、当面先行投資を進め、エンジニアリング技術をテコに、積極的に市場開拓と事業開発を行っていく領域（たとえば、次世代エネルギー事業）。ノン・コア事業は、D社のDNAに必ずしも深く根ざしていないため、本体からスピン・オフしていくべき領域（たとえば、メディア事業）。そのうえで、一〇以上に広がっていた事業グループを再編し、コアは三つに、フューチャー・コアも三つにそれぞれ絞りました。これがD社の新たな事業ポートフォリオの青写真となったのです。

第三ステップでは、コアとフューチャー・コアの主要な事業機会を、事業モデルとデリバリー・モデルに落とし込んでいきました。左上のボックスから真ん中のボックス、そして右下のボックスに結ぶ作業です。それぞれの事業で、「スマート・リーン」型モデルが目指されたのです。Shrink & Grow の雛形をつくるうえで、ここがこのプロジェクトの最大の勝負どころでした。

コア事業においては、海外市場や周辺事業への拡業の可能性を洗い出すとともに、既存事業の資産を徹底的に軽減する検討が行われました。たとえば、消費者向けの事業部門においては、二つの中核事業において Design-to-Value（顧客の値頃感に合った設計）を実施するとともに、新興国でのバリューチェーンの設計や生産委託などを徹底。擬似垂直統合を基軸とした「スマート・リーン」型の事業モデルへの移行を大胆に進めていったのです。その結果、同業者の多くが今回の世界同時不況にあえぐなか、同社のこれらコア事業は、増収・増益基調を保っています。

一方、市場が立ち上がるのはこれからで、まだ固定費が大きくないフューチャー・コアでは、商品とサービスの型紙（プラットフォーム）をつくったうえで、国内・海外市場それぞれで、誰と組んで、いかなる生態系をつくっていくか（レベレッジ）が、主要な検討課題となりました。たとえば、将来性が大きく見込まれるエネルギー・環境分野においては、単なるモノ売りから、運用やサービスに踏み込んだ事業モデルが組まれ、大型のM&Aや顧客を含めた多

2 匿名事例のため、ここでは現実のものとは違う表現を使っている

層的なアライアンスが仕掛けられていったのです。

そして第四ステップでは、事業ポートフォリオを俯瞰して、資産の大幅な配置換えを設計しました。右下のボックスが主な対象ですが、他の三つのボックスも含めて、これらの「見えざる資産」をいかに増価させるかが作業のポイントです。ノン・コア事業の多くは、子会社化または売却を進め、コア事業も、日本に一部、先端の生産技術を磨き込むためのマザー工場を残しつつ、オフショアリングとアウトソーシングを加速。設計、販売、その他間接業務は、重複を徹底的に省く一方、浮いてきた資産は、コア事業の成長領域（拡業）やフューチャー・コア事業にシフト。その結果、たとえば電子部品のある設計部門の人材が、新しくできた環境機器部門の設計に回る、というような光景が、あちこちで見られました。

「コングロマリット・ディスカウント」という言葉があります。コングロマリット経営は、個々の事業価値を減価させるというような意味で使われます。しかし、このD社のShrink & Grow型変革では、コングロマリット経営の懐の深さを、あらためて目の当たりにさせられました。

D社の全社変革は、二〇〇〇年代半ばには終了し、業績は大きく好転し始めました。ただし、Growを意識しすぎて大胆な投資に踏み切った事業領域は、今回の世界同時不況で、巨額の赤字に転落してしまいました。それでも、この事業部門を中心に再度Shrink & Grow型変革を推進することにより、一年後には、また黒字転換するところまでこぎつけています。

D社の成功要因は、事業ポートフォリオを三つのグループに分けて、資産の移動と傾斜配分をした点にあります。ノン・コアやコアをShrinkさせるだけでは、あまりにも痛みを伴って成功しない。とはいえ、そのままでは「スマート・リーン」モデルへの移行が進みません。先にコアの成長領域（拡業）やフューチャー・コアを大きく描くことによって初めて、ノン・コアやコアの余剰資産をそちらにシフトするというソフト・ランディングを目指すことができたのです。

パナソニックの破壊と創造

しかし、直面する危機が大きすぎて、ハード・ランディングを迫られる、というケースも少なくありません。たとえば、かつて日産自動車が窮地に立たされたとき、カルロス・ゴーンCEOは、Growは当面括弧にくくっておき、まずはShrinkを断行せざるをえませんでした。また日本航空の再生劇では、大胆なShrinkは求められても、Growを描くのは並大抵ではありません。

今回の世界同時不況で危機に立たされた企業の中には、この手の痛みを伴う変革に踏み切ら

図20　松下の中村改革の本質

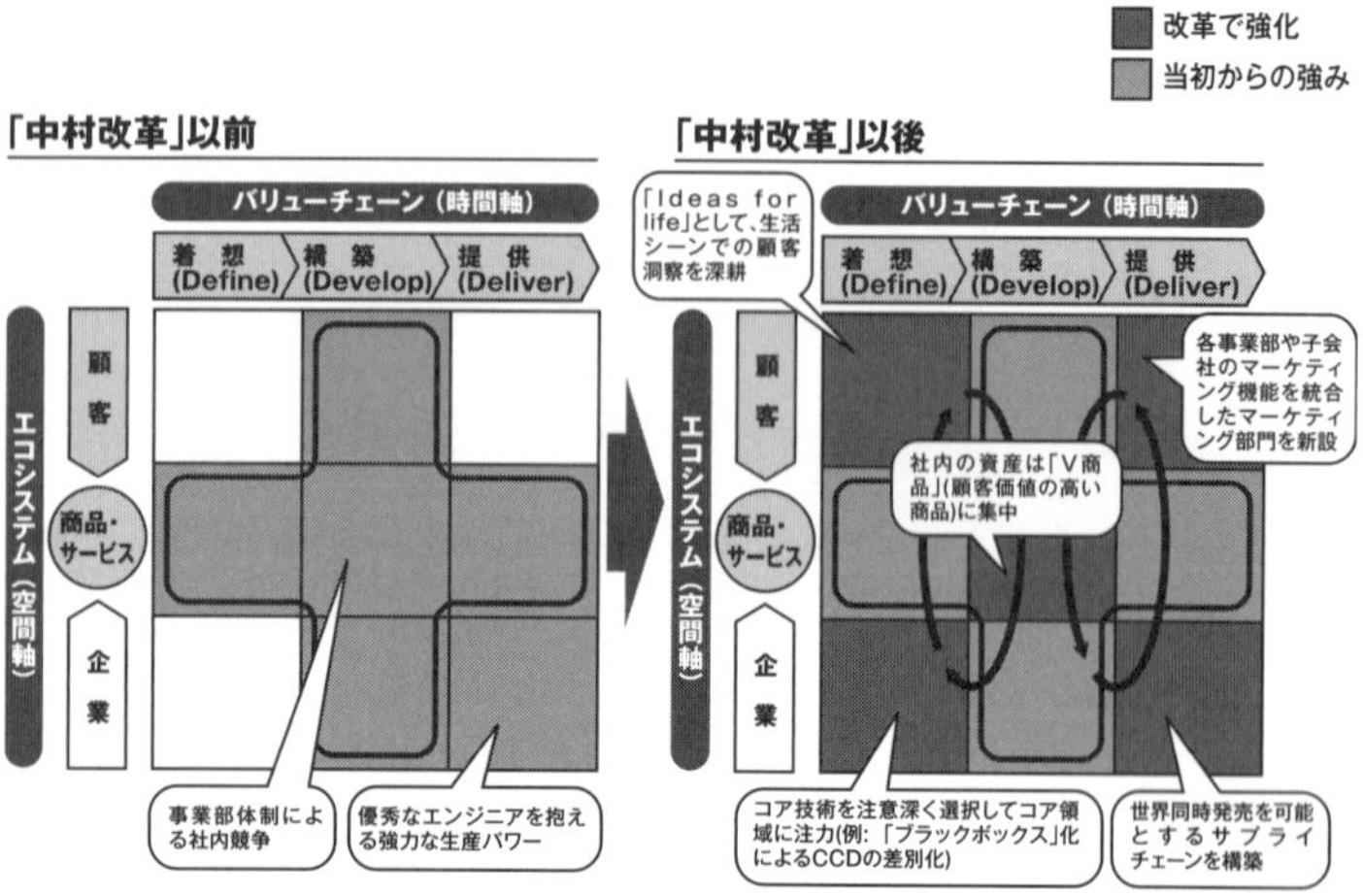

改革で強化
当初からの強み
「中村改革」以前
バリューチェーン（時間軸）
着想(Define)
構築(Develop)
提供(Deliver)
エコシステム（空間軸）
顧客
商品・サービス
企業
事業部体制による社内競争
優秀なエンジニアを抱える強力な生産パワー
「中村改革」以後
「Ideas for life」として、生活シーンでの顧客洞察を深耕
バリューチェーン（時間軸）
着想(Define)
構築(Develop)
提供(Deliver)
各事業部や子会社のマーケティング機能を統合したマーケティング部門を新設
社内の資産は「V商品」(顧客価値の高い商品)に集中
エコシステム（空間軸）
顧客
商品・サービス
企業
コア技術を注意深く選択してコア領域に注力(例:「ブラックボックス」化によるCCDの差別化)
世界同時発売を可能とするサプライチェーンを構築

ざるをえない企業も少なからずいるはずです。そのような場合、どうすれば、目の前の危機を乗り越え、再び成長軌道に戻れるのか。ここでは、パナソニックの「中村改革」を例にとって、もう一つの日本型のV字回復の事例をみてみましょう。

パナソニック（当時、松下電器産業）は、二〇〇一年度に連結ベースで四三一〇億円という巨額の赤字を計上しました。二〇〇〇年七月から社長に就任した中村邦夫氏は、この間、怒涛のような改革を推進し、二〇〇二年度には一二六五億円の営業黒字を達成し、劇的なV字回復を遂げたのです。

中村社長（当時）自身が「破壊と創造」と銘打ったこの経営変革の経緯は、すでにさまざまな文献で取り上げられています[3]。なかでも、

「破壊」の部分の迫力は、伝説的ですらあります。「経営理念以外に一切の聖域はない」と凄みをもって言い切り、実際に聖域と信じられていた家電流通と雇用構造から変革のメスを切り込んでいったのです。

しかし、中村社長が、「破壊」と同時に「創造」に向けた構造変革を抜本的に進めた点を見落としてはなりません。中村改革の創造サイドの施策を、メビウス運動に沿って概観してみましょう（**図20**）。

改革以前の松下は、「事業部制」の本家本元だけあって、右下の事業現場にパワーが集中していました。そして、ここが右上の顧客接点を押さえ、右側だけがカイゼン運動を繰り返す、典型的な現場深耕型企業でした。

これに対して中村社長は、最初に行った家電流通改革において、各事業部や子会社の販売機能を統合したマーケティング部門を新設。場所もあえてお膝元の大阪ではなく、東京に本部を設置したことで、事業部と物理的にも距離をおくことができました。しかも、そこをプロ

3　たとえば、森一夫著『中村邦夫「幸之助神話」を壊した男』（日本経済新聞社、二〇〇五年）、日経産業新聞編『松下の中村改革』（日本経済新聞社、二〇〇四年）、日刊工業新聞特別取材班『松下電器V字回復への挑戦』（日本工業新聞社、二〇〇二年）、財部誠一著『中村邦夫は松下電器をいかにして変えたか』（PHP研究所、二〇〇六年）、伊丹敬之他編著『松下電器の経営改革』（有斐閣、二〇〇七年）、フランシス・マキナニー著『松下ウェイ』（ダイヤモンド社、二〇〇七年）など

フィットセンターとして、発注した量を買い取らせる仕組みまで持ち込んだため、事業部本位から顧客本位へと、大きくパワーがシフトしました。こうして、右上にパワーがシフトしたことによって、事業部の中だけのカイゼン運動から、全社の本質的な強みへと立ち返る「ずらし」運動が可能になったのです。

自社の本質的な強みは、大きく二つの視点から検討されました。一つは、「コア技術」の視点。ソニーにもサムスンにもない自社独自の技術資産をリストアップし、これを「ブラックボックス」化することにこだわったのです。ブラックボックス化には、次の三つが必要条件とされました。

- 知的財産権で保護されていること
- 素材もしくは工法上の専門能力があること
- 理論上の技術だけではなく、製造ノウハウも盛り込まれていること

もう一つは、「顧客価値」の視点。ソニーやアップルが、今まで体験したことのないような「非日常的な体験」を実現することに長けているとすれば、その非日常体験を、身近な日常体験にまで引き寄せることこそ、パナソニックの本質的なＤＮＡだと認識したのです。当時、全

社商品開発（後述のV商品）、ブランド、デザインなどを統括していた戸田一雄副社長（現在、滋賀大学特任教授）が、筆者に対して「パナソニックの力は、未来と現在をつないでみせるところにあるのと違いますか」と語られたときの目は、本質を見極めたとき特有の、強い力に満ち溢れていました。

次に、このようなＤＮＡに照らし合わせて、左上の顧客洞察を引き出していきます。「Ideas for life」というスローガンのもと、商品コンセプトに顧客の生活視点をふんだんに盛り込む努力が試みられました。たとえば、フォーカス・グループ・インタビューで出てきた「環境を考えることは商品選定の当然の基準」という主婦の声を受け、「ノンフロン」冷蔵庫開発に着手します。開発チームは、従来、事業部中心で組まれていましたが、マーケティング本部の人材が加わり、製販一体での商品開発が進められました。

V商品と垂直立ち上げ

ここまでで、次世代成長に向けての準備運動が整いました。ここからがいよいよ事業を大きく立ち上げていくための勝負どころとなります。

圧巻は、商品開発をスケールさせるための成長エンジンとして導入された「V商品」プログラムです。全社の資源をV商品に傾斜配分することにより、確実に大型商品に育成することを狙ったものです。V商品プログラムを取り仕切っていた戸田副社長は、V商品として位置づけられるための必要条件に、以下の三点を掲げました。

- 顧客が一目でわかるような差異を持つ商品
- 新たな市場を開拓できるような前例のない商品
- ライバル商品にはない特徴を持った商品

V商品には、スケールさせるためのプラットフォームが準備されました。技術プラットフォームとしては、たとえば、ユニフィエと呼ばれるシステムLSIの導入によって、異なる商品群の間でソフトウェアを共有する仕組みが提供されました。一方、販売側では、宣伝、販促、店頭、広告、ウェブなどの機能を横串にした「トータルマーケティング」という手法が組まれました。

こうして、二〇〇二年度には八八商品が、二〇〇三年度には九〇商品がV商品に選定されたのです。個別商品ごとに目標シェアが設定され、二〇〇三年度のV商品全体の売上げ目標は一兆二〇〇〇億円に上りました。

そして最後の仕上げが、右下のボックス。ここでは、V商品を確実に市場に送り出し、一気に市場を席巻する仕組みとして、「世界垂直立ち上げ」という強靭なサプライチェーンが構築されたのです。従来は、まず国内市場を立ち上げ、徐々に主要な海外市場に広げていく雁行型の市場展開が、パナソニックのみならず日本の家電メーカーの定石でした。一挙に世界市場で大量販売するためには、生産準備、サプライヤーマネジメント、ロジスティクス、プロモーションなど、機能ごとの能力を全世界レベルで磨き上げ、かつ、それらが同期するために部門間で絶妙のすり合わせが求められます。もともとパナソニックのパワーの源泉であった事業現場のポテンシャルを、極限まで引き出す取り組みといえましょう。

このように、中村改革の本質は、四つの見えざる資産を掘り起こし、その中央に成長エンジンを仕掛け、これらを力強くつなぐことによって、大きなメビウス運動を起こしていくことにあったと考えられます。そして、「破壊」はそのための脱学習であり、「創造」は新しい学習優位を築き上げるプロセスだったともいえます。

しかも、中村改革の重要な特徴は、Shrink は最小限にとどめ、大きく Grow 側に振り子を振っている点です。中村社長は、上場子会社群を完全子会社化してドメイン会社（事業本部）に再編成することによって、グループ事業間の重複と競合をなくすとともに、Shrink 側の事業から Grow 側の事業への資産の流動化を加速させました。

その結果、V商品などの成功ともあいまって、二〇〇二年から二〇〇六年にかけて、売上高は七兆四〇〇〇億円から九兆一〇〇〇億円に、営業利益も一二六五億円から四五九五億円まで大幅に増加しています。二〇〇〇年までの一〇年間が売上げは頭打ちで、利益は減益基調であったことを考えれば、中村改革は一見ハード・ランディングにみえるものの、実は、初年度で構造的な問題にメスを入れたうえで、成長軌道へと大きく舵を切ったプラス・サム志向の変革であったといえます。

デジカメにみるメビウス運動

V商品として世に送り出されたものとしては、プラズマテレビの「ビエラ」、DVDレコーダーの「ディーガ」、あるいは「ななめドラム洗濯乾燥機」などがよく知られています。いずれも、パナソニックが常勝し続けてきた商品分野であるだけに、V商品として大成功したのは、当然といえば当然かもしれません。むしろ、数あるV商品の中で最も注目に値するのが、デジタルカメラ「ルミックス」でしょう。

パナソニックは一九九六年にデジカメ市場に参入しましたが、泣かず飛ばずの状態が四年間続きました。本体のAVC社は本業でもなく、かつ将来性も不透明なデジカメに経営資源を割り当てることができず、同事業から撤退しました。その後、グループ二社が細々と事業を継続している状態でした。

しかし、二〇〇〇年一〇月、その三カ月前に社長に就任したばかりの中村氏はデジカメへの再参入を表明します。その後デジカメは第一号V商品に認定され、中村社長自らが商品開発の総指揮をとりました。事業立ち上げのプロセスには、当時AVC社のトップであった前述の戸田一雄専務（当時）、半導体事業のトップの古池進専務（現在、副社長）、AVC社の次期のトップとなる予定の大坪文雄常務（現在、パナソニック社長）など、そうそうたる幹部メンバーが集結します。当初三人の担当メンバーでキックオフした開発チームは、すぐに二五名にふくらみ、商品企画、設計、事業推進（総務）、広報などのメンバーが中心となって、同じフロアで一体となってプロジェクトを推進していったのです。こうして、翌二〇〇一年の一一月には最初の商品が発売されるという凄まじいスピードで、事業が立ち上げられていきました。

他社から大幅に後れを取り、市場の土地勘もほとんどないデジカメの分野で、パナソニックが成功することを、当時誰が予想できたでしょうか。しかし、二〇〇五年には全世界で四〇〇万台を販売する事業として急成長し、国内でもトップ3に食い込みます。まさに、NHKのかつての番組「プロジェクトX」に登場しそうなストーリーです。本書ではこの大躍進の原動力となったメビウス運動を振り返ってみましょう（**図21**）。

図21　松下におけるメビウス運動: LUMIXのケース

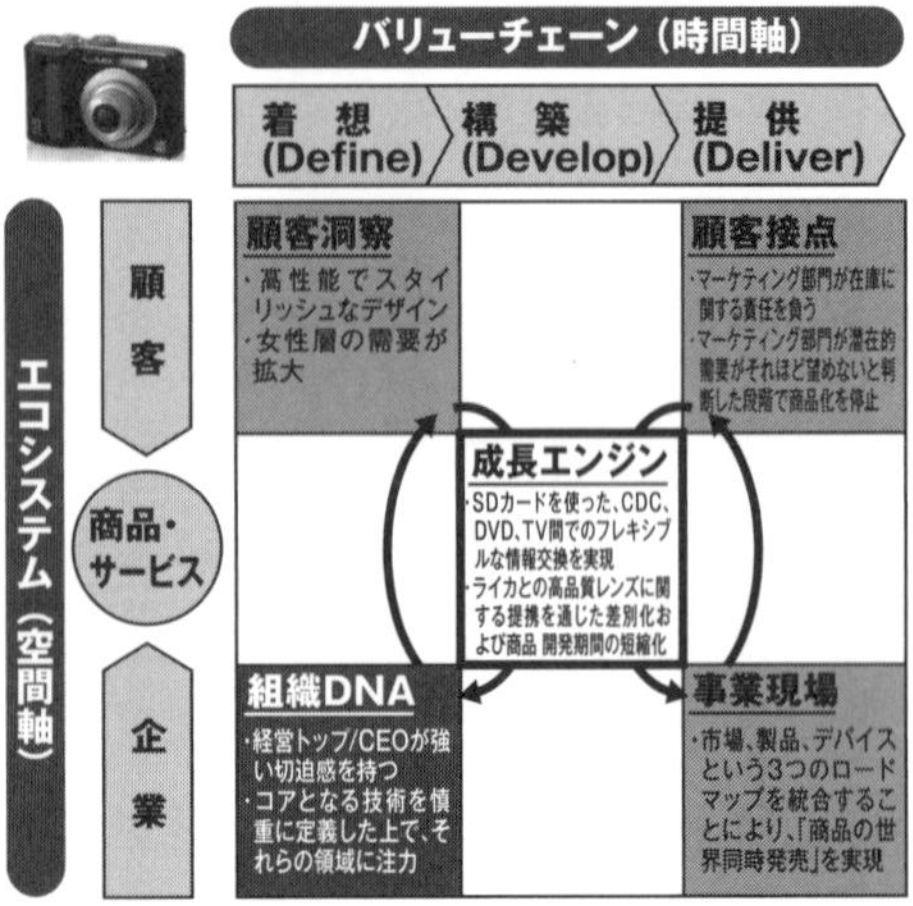
バリューチェーン（時間軸）
着想 (Define)
構築 (Develop)
提供 (Deliver)
エコシステム（空間軸）
顧客
商品・サービス
企業
顧客洞察
・高性能でスタイリッシュなデザイン
・女性層の需要が拡大
顧客接点
・マーケティング部門が在庫に関する責任を負う
・マーケティング部門が潜在的需要がそれほど望めないと判断した段階で商品化を停止
成長エンジン
・SDカードを使った、CDC、DVD、TV間でのフレキシブルな情報交換を実現
・ライカとの高品質レンズに関する提携を通じた差別化および商品 開発期間の短縮化
組織DNA
・経営トップ/CEOが強い切迫感を持つ
・コアとなる技術を慎重に定義した上で、それらの領域に注力
事業現場
・市場、製品、デバイスという3つのロードマップを統合することにより、「商品の世界同時発売」を実現

ここでも出発点は、顧客接点でした。マーケティング部門も加わって、当時のデジカメのユーザーや非ユーザーの声に耳を傾け、画素競争に走っていた当時のデジカメに対する不満を集めていきました。「もっとシャッター速度を上げてほしい」「手振れのために、いい写真がとれない」「パソコンへのアップやプリントが不便」「バッテリーの寿命が短すぎる」「おもちゃではなく、もっと本格的なデジカメが欲しい」などなど。

これらの声は、「より使いやすく、よりホンモノ感のあるものを顧客にとどける」というパナソニックのDNAを強く揺さぶるのに十分でした。特にプロジェクトの中核メンバーには、かつて音響分野で鳴らした「テクニクス」ブランドの出身者が多く、このDNAを脈々と受け継いでいたのです。そもそも、アナログな現実をデジタル処理し、またリアリティの高いアナログな世界に戻すという「デジ・アナ」変換プロセスは、パナソニックの最も得意とする技術です。しかも、「ブラックボックス」技術としては、CCDに加えて、バッテリー管理技術や「ヴィーナスエンジン」と呼ばれる画像処理LSIなど、内部に十分な蓄積がありました。これらの強みをフルに活用すれば、顧客が本来望んでいる新しい写真体験を実現することができるように思えてきます。

このような自社の強みが最も生かせる顧客セグメントとして、パナソニックが目をつけたのが、女性層です。カメラはもともと男臭い持ち物に思われがちですが、デジカメのユーザーとして、女性層が急速に拡大しつつありました。しかも「安かろう、悪かろう」のデジカメではなく、高性能でスタイリッシュなデザインを求めていたのです。このような女性層こそが、パナソニックが標榜する「ホンモノ感覚をより身近に」という体験価値を最も高く評価するリード・ユーザーになっていったのです。

この女性層をリード・ユーザーに想定する発想は、パナソニックのDNAに根ざしたものであるだけに、その後のデジカメの開発においてもずっと貫かれています。たとえば、樋口可南子を筆頭に美女が五人ずらりと登場して、「一眼あそばせ」と語る、超薄型デジタル一眼レフG1シリーズのCMなどです。このカメラによって、重たくてゴツイ感じが主流だった一眼レフ市場において、「活動的な女性のライフスタイルにピタッとはまる一眼レフ」という、まったく新しい需要を開拓することに成功しています。

そして、いよいよ事業をスケールさせるための仕掛けづくり。共通プラットフォームという切り口では、ソフトウェアを幅広く流用させるプラットフォームとしてのユニフィエという画像処理ASSP、コンテンツをDVDやテレビ、パソコンなどの間で柔軟に共有する仕組みとしてのSDカード、そして、人間工学に基づいたユニバーサル・デザインが共通のインターフェースを提供する仕組みとして導入されました。

また、レベレッジという側面では、高品質レンズの設計に関してライカと提携することにより、写真文化が持つ独特の深さと伝統を学び、かつ、開発期間を短縮することができたのです。さらに、先に述べた超薄型一眼レフの設計にあたっては、オリンパスが主導する「マイクロフォーサーズ」という新しい一眼レフ技術の標準化コンソシアムの主要メンバーになることによって、オープンな規格の確立を目指しています。

仕上げの事業現場においては、市場、商品、デバイスという三つのロードマップを統合することにより、世界垂直立ち上げを目指しました。市場開拓のロードマップに商品のロードマップを重ね、さらに、そこにコア部品のロードマップを重ねていく手法です。その結果、パナソニックは、国内のみならず、欧米やアジアの新興市場においても、ゼロからのスタートにもかかわらず、数年で一〇％前後の市場シェアを獲得することに成功しています。

スマート・リーン×メビウス

このケースの成功要因は、大きく二つあると思われます。

一つ目は、スマート・リーン型の事業モデルに徹している点です。それまでのカメラ市場は、二大巨頭ともいうべきキヤノン、ニコンが、一眼レフで長らく培ってきた伝統を武器に、プロを頂点として、ハイアマ（ハイアマチュア）、エントリ（初心者）と広がっていく「プロ・ダウン」の市場ピラミッドをつくり上げていました。一方、カシオを筆頭とする家電メーカーが、デジタル技術を武器に、ローエンドからミッドエンドの市場をデジカメに置き換えていったのです。同じ家電メーカーでも、ソニーはミノルタのカメラ部門を買収することによって、「ホンモノ」の一眼レフ市場に上っていこうとしていました。

これに対して、パナソニックは、コンパクトカメラでも一眼レフでも、「スマート・リーン」を貫いています。コンパクトにおいてはいち早く、手振れ補正など、初心者の困りごとに照準を当ててスマートを実現し、無駄な機能を排除することによってリーン化を実現しています。

また、一眼レフにおいては、ソニーのように、プロ仕様を目指すのではなく、初心者もプロやハイアマのような品質の高い写真を簡単に撮れるというところに照準を当てつつ（スマート）、ミラーが不要で極めてシンプルな構造のマイクロフォーサーズ技術をレベレッジすることでリーン化を実現しています。いずれも、ハイエンドやローエンドといった競争の激戦地区（いわゆるレッド・オーシャン）ではなく、ミドル・マーケットの大きな空白地帯（いわゆるブルー・オーシャン）を掘り当てたのです。

「ルミックスG1のGはGeneration の頭文字です。デジタル時代じゃないとできない新しい世代のシステムカメラです」と語るのは、一眼レフ事業統括の房忍氏。少し長くなりますが、同氏のコメントをもう少し引用したいと思います。

「コンパクトカメラは、フィルムがデジタルに変わって、機能やハンドリングが圧倒的によくなりました。きれいな写真が誰でも簡単にとれるようになったわけです。しかし、一眼レフカメラはメディアがメモリーに変わっただけでしかありません。逆に、機能や操作が多くなって難しくなり、高度な連写やAFを盛り込むために本体が肥大化したりと、プロやハイアマチュアなどの限られたユーザーが対象になってしまいました。コンパクトデジカメで育った人は、なかなかこのジャンルに入り込めないと思います」

「パナソニックは、もともとそういう世界におらず、カメラの世界では新参者です。だから、あまりに敷居が高いのに驚きました。本当にそんなのでいいの、使いにくくないの、と。一般

的なユーザーが気楽にいい絵を楽しめる、敷居の低い交換レンズ対応のカメラを作ろうと思ったわけです」[4]（太字、筆者）

この目の付けどころが、先に「スマート・リーン」モデルの成功例として紹介した任天堂のＤＳやＷｉｉ開発物語と、一脈通じるように感じるのは、筆者だけでしょうか。

そして、もう一つの成功要因は、初代のルミックスにおいてメビウスの輪をうまくつなぎ、そしてその後も何世代にもわたってメビウス運動を何度も回し続け、学習と脱学習の良循環を実現している点です。Ｖ商品として最初の成功モデルとなったのが、二〇〇一年末。その後も、顧客の反応をしっかり確かめながら、毎年新しいモデルを出し続けています。

たとえば、初代モデルはよりホンモノ感を出すために画質を重視。翌年のモデルは、高倍率を機能として追加。さらに次の年は、色と触感に工夫を凝らす、といった具合です。常に「失敗写真を減らす」ことに主軸をおきつつ、着実なアイデアと「いたずら心」を盛り込んで、顧客の反応を確かめながら、次の企画に反映させています。

もっとも、必ずしも狙いどおりに当たるわけではありません。たとえば、二〇〇五年に満を持しての一眼レフ市場への参入となったＬ１。「いつかは一流のカメラメーカーになりたい、

4「日経トレンディネット」（二〇〇九年三月二五日）

そのためには何としても一眼レフをものにしなければ」という強い決意で向かったものの、キヤノン、ニコンの二強の牙城を崩すことはできませんでした。

しかしこの失敗が、発想の「ずらし」を生み出すきっかけとなりました。「プロ・ダウン」のピラミッドは、いくら裾野から挑戦しても、頂点を押えているプレーヤーに追いつくことは困難です。だとすれば、そもそもこのピラミッドを逆さまにして、「エントリ」顧客が主役となる新たな顧客価値をつくり出してはどうか。前述した超薄型デジタル一眼レフG1は、このような脱学習のプロセスが生み出した新たなメビウス運動の産物といえましょう。

実は、先にご紹介した房氏は、最初の三人のチームメンバーの一人として、ルミックスプロジェクトを当初から推進し続けている人物です。筆者が房氏にルミックスの成功要因を尋ねたところ、次のような答えが返ってきました。

「まず出発点で、トップの強い意志が開発チームに求心力を与えたことは、大きいですね。そして、常に自社の強みに立ち返り、弱みをむしろ強みとすら位置づけて、新しい市場を創造することに軸足をおき続けたことで、ここまで来れたのだと思います。ただ、**最も重要なことは、顧客に思いをぶつけ、顧客の声を聞き、それを次の進化につなげていくということに挑戦し続ける意志だった**のではないでしょうか」

このケースは、前述の中村改革と同期しながら、全体のメビウスの一つとして動いています。全社変革は、言うまでもなく、このようなミクロレベルの努力を積分したものです。また、房氏が言うように、トップの変革に踏み込む強い意志が、ミクロの変革を強く後押ししています。このように、マクロとミクロ、トップとミドルが同期したときに、メビウス運動は大きな変革をもたらしうるのです。

自己組織化の方程式

経営論からは横道にそれますが、そのような動的な組織づくりを目指すうえで、生命の進化モデルが参考になります[5]。散逸構造理論で著名な化学者イリヤ・プリゴジン[6]や、生物学者の清水博[7]らによれば、生命の本質は環境の変化に対して新しい秩序を自己組織化する能力であるといいます。そして、生命は自己組織化を行う際に、二つの動的なプロセスを動員しているというのです。

5 生命モデルの経営モデルへの適用を考察した論文としては、名和高司著「学習優位の戦略」（「ダイヤモンドハーバード・ビジネス・レビュー」二〇〇三年三月）を参照
6 イリヤ・プリゴジン他著、伏見康治他訳『混沌からの秩序』（みすず書房、一九八七年）
7 清水博著『生命を捉えなおす』（中央公論社、一九九〇年）

一つ目は「ゆらぎ」です。生命はあまりにも同質的な構造に陥ると、変化への適応能力が低下します。組織内の各要素に自由度を持たせることによって、異質な情報を取り入れることが可能になります。この異質性が組織に「ゆらぎ」を引き起こし、それがある閾値を越えると、組織内に不安定な状況をつくり上げます。このように、「ゆらぎ」は同質的になりがちな組織に異質性をもたらし、自律的な非線形運動を引き起こします。

二つ目は「引き込み」です。生命は必ず何らかのリズムを持っています。そしてこのリズムが、個々のメンバー間の動的協力性をもたらします。原始的なレベルでいえば、ミトコンドリアの繊毛運動にもみられ、精神的なレベルでいえば、座禅している者同士の脳波のパターンにも現れます。生命は、この「引き込み」によって異質なものを同化し、新しい秩序を生成するのです。このように、「引き込み」は組織に動的な秩序をもたらす役割を担っています。

読者の皆さんは、今まで論じてきたメビウス運動が、この生命の自己組織化運動と極めて類似していることに、気づかれたかと思います。そう、「ゆらぎ」を「ずらし＝脱学習」と読み替え、「引き込み」を「つなぎ＝学習」と読み替えれば、まさに同じような動的プロセスの議論をしてきたのです。

メビウス運動を体質化するためには、トップダウンの機械モデルではなく、ミドル機能が自己組織化する生命モデルを目指す必要があります。ただし、「指示待ち・持ち場守り」型や

「現状維持・安定志向」型の組織を揺さぶるためには、トップ自身が、組織の中に「ずらし（ゆらぎ）」と「つなぎ（引き込み）」の仕掛けを埋め込まなければなりません。

「正の危機感」による「ゆらぎ」の創発

トップマネジメントが持続的な成長に向けて変革を仕掛けるためには、組織の中に「ずらし」と「つなぎ」をもたらし、かつそれらを体質化させていく必要があります。ここでは、そのために有効と思われる「七つ道具」ならぬ「九つ道具」をご紹介します。

「ずらし（＝ゆらぎ）」をもたらすうえで、必要な道具は三つ。

一つ目は、前章でご紹介した**「異質性」を取り込む仕掛けづくり**です。繰り返しになりますが、復習すると、社内辺境、企業買収、協創などの方法論が有効です。D社もパナソニックも、協創を主軸とし、選択的に企業買収を行うことで、異質性の取り込みを進めていきました。

二つ目は、**組織DNAを覚醒させる**ことです。組織DNAの読み解き、読み替えの必要性や方法論は第4章でご紹介したとおりです。また、第5章で論じたように、組織DNAを管掌するような組織はあるはずもなく、その発見作業はトップ自らが主管すべきものです。

三つ目は、**危機感の醸成**です。ハーバード経営大学院のジョン・コッター教授は、「Sense of Urgency（危機感）」を企業変革の八段階の一番目に挙げています[8]。これは洋の東西を問わず、変革を仕掛ける際の定石です。

ただし、存続の危機に直面する企業の場合、欧米のように闇雲にまず「Shrink」から始めると、危機感が負のエネルギーを生みやすくなります。その点パナソニックの中村改革は、「破壊」でたまっていたエネルギーを解き放ち、「創造」で危機感を正のエネルギーに反転させていった点が、秀逸です。

一方、そこまでの危機に直面していない企業の場合、トップが単に危機感を煽るだけでは、「ゆで蛙」状態の現場はついてきません。この場合、いくつかの「正（ポジティブ）」のゆさぶりが有効です。

●大きな成長の可能性を示し、**成長の意欲をかき立てる**。たとえば、コカ・コーラのトップが、今自社が取り組んでいる市場は、人間が摂取する水分全体の五％にすぎないと、市場を再定義することによって、成長への志を大きく駆り立てたことは有名です。ユニクロの柳井CEOもグローバル・ワン（世界一）を目標に掲げることによって、「勝ち組」といわれながらもなお、組織全体の成長指向と緊張感を維持し続けています。

●将来シナリオを描き、**変化の必要性を仮想体験させる。**たとえばGEでは、現状だけでなく、将来市場における競合とのベンチマーキングを行うことによって、変化を加速させています。またトヨタは、環境やエネルギー問題の将来シナリオを描くことによって、ハイブリッド車への取り組みの必然性を痛感し、全社一丸となってプリウスの開発に乗り出しました。

●自社にとって**経験値がない領域に、企業活動のポートフォリオを広げる。**たとえばIBMは、ハード事業からサービス事業へとポートフォリオを広げることによって、逆にサービスの「工業化」に大きな成長の機会があることに気づきました。またリクルートは、フリーペーパーやネットなどの新しいメディア事業に取り組むことによって、広告モデルの進化の最前線に立ち続けようとしています。

◉「つなぎ」をもたらす「本質的な質問」

次に、「つなぎ（＝引き込み）」をもたらすうえで有効な手法を、三つご紹介しましょう。

8 ジョン・P・コッター他著、高遠裕子訳『ジョン・コッターの企業変革ノート』（日経BP出版センター、二〇〇三年）

一つ目は、**「本質的な質問」を投げかけること**。トップダウンで細かい指示をとばすと、現実と乖離していることが多く、仮に正しくても、現場は「指示待ち」状態から脱しないものです。一方、現場の創意工夫だけに任せていたのでは、自主性の尊重という美名のもとでのトップの責任放棄にすぎません。トップがすべきことは、ミドルに対して、「本質的な質問」を投げかけ続けることによって、自ら気づかせ、考えさせることです(9)。

ここでいう本質的な質問とは何か。たとえば、誰がターゲットとすべき顧客なのか。その顧客が本当に求めているものは何か。我々の本質的な強みを、どう生かせばいいのか。事業として、いかにスケールさせられるか。どのような打ち手にどのような順番で、着手すべきか。こういった〈4＋1〉ボックスにかかわる課題について、トップは具体的に突っ込んだ問いを発することです。このような質問を浴びせられることによって、ミドルはそれぞれのボックスに関して、深い問題意識を持ち、自ら仮説を立てるクセがついていくはずです。

二つ目は、**悩み抜かせ、考えきらせるリズムをつくること**。解けそうもない課題に挑戦させ、仮説を磨き込ませ、実行に向けて背中を押すためには、「本質的な質問」の仕方に、一種のリズムが必要となります。本質的な質問に長けた企業（E社と呼ぼう）では、それを「叩いて、広げて、まとめる」と表現しています。

E社の場合、最初の案は詰めが甘く、一方的な「思い」でふくらませたものが多かったのです。そこでトップは、独自に入手した顧客の声や他の事業者の動向などをもとに、その甘さを徹底的に叩いていきます。すると次に、精緻な分析に基づくよく詰められた案が出てきますが、今度は最小限のリスクしかとらず、小さくまとまったものになっています。そこでトップは、これも独自に調べた合従連衡の可能性や業界構造の変化の動向などをもとに、もう一度議論を広げます。そして、次に出てくるものは、適度な広がりと詰めがあるので、それをもとにまとめて、実行を約束させます。

筆者のコンサルティングの現場では、E社とは違って、むしろ、初めから「やれそうなこと」にこぢんまりとまとまった事業提案に遭遇することが多いものです。大企業にありがちな、賢いサラリーマン的な提案です。トップがチャレンジすると、想定されるリスクやできない理由が山ほど出てきます。このような企業の場合は、むしろ「広げる、叩く、超える」といったリズムが有効でしょう。

トップは初めに、二律背反的な目標を与えます。「スマート・リーン」などはその典型例です。それによって、これまでの手法、部分最適的な取り組み、自前主義に閉じたやり方だけで

9「本質的な質問」に関しては、名和高司、近藤正晃ジェームス著『マッキンゼー 戦略の進化』（ダイヤモンド社、二〇〇三年）参照

は、問題が解けないようにしておきます。

次に、ミドルが出してくる中間解に、妥協を許さずチャレンジし続けます。「もうダメだ」と悲鳴が出るまで追い込むことによって、限界まで悩み抜かせるのです。この問題が夢にまで出てくるようになったら、ホンモノでしょう。

最後に、限界を突破するいくつかの仮説を立てさせます。この頃になると「できない理由」ではなく、「やりきるための条件」が議論できるようになります。ミドルはぎりぎりにストレッチした実践プランをつくり、トップに対して具体的な支援を迫ってきます。このような真剣なやりとりを通じて、ミドルとトップの間で「握り」が交わされます。

「つなぎ」を実現するための三つ目の打ち手は、**本質的なボトルネックを解くために、「スマート・リーン」型の先行投資を行う**こと。右のやりとりで出てきた「やりきるための条件」を満たすためには、ヒト、モノ、カネなど、必要なリソースをきちんと担保する必要があります。ストレッチしたアウトプットを要求している以上、それに見合ったインプットを与えることとは当然です。ただし、単に投資をすればいいのではなく、次の三つの点に留意する必要があります。

●**真ん中のボックスに「成長エンジン」がうまく仕掛けられていることの確認**。投資に対するリターンが最大化されるようなメカニズムがきちんと埋め込まれていなければ、いかにインプットをふんだんに投入しても、無駄です。第4章でも論じたように、増殖（スケール）させるためには、プラットフォームとレベレッジがうまく仕掛けられているかどうかがカギとなります。

●「見えざる資産」に対する投資をきちんと行うこと。技術や設備など、事業現場に対する投資は比較的目に見えやすいので決断できても、DNAの読み解き・組み換え、顧客洞察、顧客接点などにきちんと先行投資ができる企業はまれです。これがきちんとできるようになると、「見えざる資産」の乗数としてのコーポレート・ブランドの価値が高くなるとともに、メビウス運動のエントロピー（状態量）も高まります。

●学習プロセスに対する投資を織り込むこと。たとえどんなに考え抜かれた仮説でも、実践の過程で、必ず修正が必要になります。場合によっては、事業環境や事業要件、顧客や他のプレーヤーの動向などが、当初の想定と大きく異なっていることが判明し、戦略の抜本的な見直しが必要となることもあります。前述したパナソニックの一眼レフ参入のケースは、その一例です。このような「脱学習」のための投資もきちんと織り込むことによって、リスクに挑戦し、失敗から学ぶという行動規範が生まれてきます。

実践を通じた体質化

さて、こうして始動したメビウス運動を、いかに組織全体に広め常態化させるかが、企業を持続的な成長に向けて自己組織化する生命体に変質させるための知恵の絞りどころです。ユニクロの柳井CEOは語ります。

「日々の一歩一歩、あるいは一進一退の悪戦苦闘の連続こそが、将来の姿につながっていく。将来を決めるのは現実・現在の自らの行動である[10]」

ここでも、三つの施策が考えられます。

一つ目は、**実践からの学びを徹底する**こと。ＰＤＣＡの重要性は言い尽くされていますが、実際に徹底できている企業は、ほんの一握りにすぎません。コンサルティングの現場では、計画と実行を繰り返している「ＰＤＰＤ」型の光景によく出くわしますが、これでは学習と脱学習のサイクルは回りません。

学習優位を築くためには、「ＣＡ」のプロセスが肝心なのです。メビウス運動でいうと、左側の「逆上がり」のプロセスです。したがってトップは、実践の中から何を学び、次にどう生かしていくかという、「本質的な質問」を問い続ける必要があります。

二つ目は、**明文化されない行動規範を徹底的にすり込む**こと。企業理念を明文化している企業は多くあります。しかし、それをお題目ではなく、実際の行動規範にまで落とし込んでいるかどうかが、優良企業とそれ以外の分かれ道となります。

そのためには、信賞必罰が重要であることも言い尽くされていますが、これも実際にメリハリをつけて実践している企業はまれです。正しいリスクをとって失敗した人材の評価が下がることは論外、むしろ、「評論家」的な態度をとってリスクをとらない、頭でっかち型の人材こそ、評価を下げる必要があります。コンサルタントに言われたくない、というご批判をいただきそうですが、大企業で優秀といわれてきた人材には、このタイプが実に多いようです。

ただし、このような「必罰」側の負のフィードバックより、「信賞」側の正のフィードバックをいかに仕掛けるかが、知恵の絞りどころとなります。筆者がかつて勤務した商社や、前章までご紹介したリクルートなど、イノベーションを常態化させている企業は、そこが実に巧みです。たとえば、「リスクをとって事業を提案し、自ら実践する」という行動をとった個人に対して、ヒーローとして褒める、リーダーに昇進させる、尊敬する人とチームを組ませる、より大きな課題に挑戦させる、など正のフィードバックがかかる仕掛けを、いくつも埋め込ん

10　柳井正著『成功は一日で捨て去れ』（新潮社、二〇〇九年）

でいます。

三つ目は、**実践を通じて、次世代リーダーを育成する**こと。多くの経営者が、次世代リーダーの育成を、経営の最重要テーマの一つとして掲げています。次世代リーダーの質と量が、その企業の成長の牽引力でもあり、制約条件にもなりうるからです。そのために、経営者育成のためのキャリアパスを組んだり、コーポレートユニバーシティ（企業大学）のような座学の研修プログラムを用意したりしている企業も少なくありません。

しかし、「頭でっかち」なリーダーではなく「成果を生む」リーダーが、自己組織化されていくためには、大きな課題にチャレンジし、実践を通じて学習するというプロセスの中で、組織としての成長のリズムそのものを体得させる必要があります。このメビウス運動の中で、トップからの本質的な質問によって戦略思考を鍛えられ、失敗と成功から脱学習と学習を繰り返すことが、次世代リーダー育成の最良の場となるはずです。メビウス運動の質（スキル）と量（スケール）と速度（スピード）こそが、次世代リーダーの質と量と育成スピードを決定づけると言っても過言ではないでしょう。

第8章 日本企業復活に向けて

本書の前半の三つの章では、「スマート・リーン」型の次世代成長戦略を論じてきました。そして、後半の四つの章では、そのような戦略を実践するうえで、学習と脱学習を繰り返す「メビウス運動」の有効性を議論してきました。

しかし、そもそもスマート・リーン戦略は、日本企業復活の切り札となりうるのでしょうか。欧米企業は、「ファブレス」に代表される無形資産を中心とした事業モデルへのシフトを大胆に進めてきました。スマートに軸足をおきつつ、リーンも十分取り込んだモデルです。一方、「世界の工場」という立ち位置から出発した新興国のプレーヤーは、自ら開発力やマーケティング力を身につけ、新しい顧客価値の創造を仕掛けてきています。リーン側に軸足をおきつつ、スマートも取り込もうとするモデルです。

また、メビウス運動という自己組織化プロセスによって、日本企業は周回遅れを本当に取り戻すことができるのでしょうか。欧米企業が大胆に事業ポートフォリオを入れ替え、新興国の企業はM&Aによって無形資産を外部から一挙に獲得しようとしています。彼らを凌駕するためには、日本企業としてはどのような工夫が必要でしょうか。

本章では、このような日本企業にとって本質的な課題を、今一度考えてみたいと思います。もちろん、簡単に答えが見つかるわけではありません。それこそ、それぞれの企業のトップとミドルが悩み抜き、壁にぶつかり、仮説・実践・検証を繰り返すことによって、自社ならではの解を見つけていくべき課題です。したがって、ここではありきたりの「一般解」を導き出してもあまり意味がありません。

ただ、地球規模での大きな構造変化と、日本企業に共通する相対的な強みを踏まえると、少なくとも次の三つの切り口に、特に大きな成長機会が潜んでいるように思われます。一つ目が、グローバル化に対する切り口としての「アジアにおけるエコシステムの構築」。二つ目が、情報通信革命に対する切り口としての「アナログ（現実）とデジタル（非現実）のつなぎ」。そして三つ目が、産業や社会の融合化への切り口としての「業際型コラボレーション」です。

アジア域内スマート・リーン構想

今回の世界同時不況に突入する半年前に、筆者は、台湾の大手生産受託企業（F社と呼ぼう）のトップに呼ばれて、次のような質問を受けました。

「日本の製造業の中で、一〇年後も、世界市場でそれなりの存在感のある企業が本当に残っていると思うか」

F社は、すでに「世界の工場」としてゆるぎない地位を築いており、その大半の顧客は、欧米のファブレス企業です。日本にも拠点はありますが、日本企業は相変わらず自前生産を第一義に考え、なかなか商売になりません。やっと受注しても、大量の標準品を持ち込んでくれる欧米の顧客に比べて手間がかかるカスタム品中心で、しかも小さなボリュームです。あまりにもわりに合わない商売だが、これまでは、それでも最先端プレーヤーだからと思って相手にしようとしてきたといいます。

しかし最近は、めっきり世界市場での競争力をなくしており、そろそろ日本企業は切り捨てようかとも考え始めているそうです。「本当にそう判断してしまっていいのだろうか」と、問いかけてくるまなざしは真剣そのものでした。

確かに日本企業は、パソコン、携帯、家電などのボリューム・ゾーンでは、欧米企業はもちろん、韓国や台湾、中国のプレーヤーに対しても、劣勢に立たされています。日本企業がそれなりの存在感を保っているのは、カメラ、ゲーム、自動車あたりですが、これとてコモディティ化がどんどん進み、このままいけば一〇年後には日本企業がニッチな立ち位置に追いやられてしまうということは、十分想定しうる筋書きです。

最先端のプロセス技術に先行投資を続けることによって優位性を築き上げてきたF社にとっても、コモディティ化が進んで、枯れた技術しかいらなくなるというシナリオは、決して受け入れられるものではありません。もし、日本企業と組んで、非常に価値の高いものを低コストで提供することができ、新しい市場が大きく立ち上がる可能性があるのであれば、もちろん、そこには賭けてみたい。いろいろと議論をしていくうちに、そのような方向に展開していきました。

ここから、アジア域内「スマート・リーン」構想とでも呼ぶべきものへと話は広がっていきます。それは次のような筋書きです。

日本企業の持つ高度なすり合わせ型のノウハウをアルゴリズム化し、インドの組み込みソフトメーカーとも協業してソフトウェア化したうえで、それを組み込んだハードウェアを台湾や中国の「世界の工場」で大量生産する。簡単にいえば、日本企業が蓄積してきた「すり合わせ」という見えざる資産を、アジアのプレーヤーと組んで徹底的に「スマート・リーン」化することによって、成熟した市場をもう一度掘り起こすというコンセプトです。

もう一つ、その応用編も考えられます。アジアの新興市場で今後急速に立ち上がるボリューム・ゾーンを対象に、高性能な簡易型端末を超低コストで提供することで、新しい需要創造を加速することです。ここでも、余計なものを限界にまで削ぎ落とす日本のすり合わせ力と、それをリーンなソフトやハードに落とし込むアジア勢のパワーを掛け合わせることによって、「スマート・リーン」型のイノベーションを実現することが狙いです。

F社はその後、日本を切り捨てるという考えは当面棚上げし、数社の日本企業とこのような構想の実現に向けて、予備的な歩みを始めました。まだどこまでいくかは未知数ですが、世界同時不況が、むしろ追い風にすらなっていることは確かです。もし構想どおりに進めば、欧米のファブレス（「競争」）とアジアの共通工場（「共層」）という水平分業の図式から、アジア域内の「協創」を基軸とした擬似統合モデルを目指しうる可能性があります。

このようなモデルは、F社以外のアジア域内のプレーヤーにとっても、F社のパートナー以外の日本企業にとっても、十分ウィン - ウィンになります。もちろん、製造業に閉じた話ではなく、多様なサービス産業においてもあてはまるでしょう。先進市場、新興市場の両方をにらんで、「スマート・リーン」型のイノベーションを、アジア域内の生態系の中で築き上げていくことは、日本企業にとっての限界を突破するための、一つの有力なパスになるのではないでしょうか。

「こちら側」と「あちら側」をつなぐ

デジタル化によって、膨大な量の情報が生成されています。さらにネットワークのブロードバンド化が追い風となって、情報の蓄積や処理が現場に近い「こちら側」ではなく、ネットワークの「あちら側」で行われるようになってきました。いわゆる「クラウド」現象です。「クラウド」とは、あたかもクラウド（雲）の中から取り出すように、インターネット上のサーバーにあるデータやソフトウェアを、好きなときに好きなだけ利用する形態を指します。

クラウドは、あらゆるものの垣根を取り除きます。マクロにみれば、国境は意味を持たなくなり、産業の枠組みも取り払われます。ミクロにみれば、企業の壁は簡単に乗り越えられ、個人は思い思いの組み合わせで結びついていきます。まさに、目に見えない産業革命と社会革命が、とんでもない規模とスピードで進んでいるのです。

初期のインターネット化（ウェブ1・0）が点と点を結びつける末端神経系の営みだったとすれば、今のクラウド化（ウェブ2・0）は、巨大な情報を蓄積し、処理する頭脳が「あちら側」で急成長していく中枢神経系の運動ということもできます。事実、あらゆる情報が、グーグルをはじめとする「あちら側」のデータセンターに集められ、世界中に送られています。

一方、末端神経側はどんどんとリーンになっています。現場側で情報を蓄積したり処理したりする必要がなくなってくるからです。事実、パソコンからネットブックへ、カーナビからPNDへ、さらにはどちらもスマートフォンへ、といった端末の簡易化の流れが加速していきます。そして、その担い手は、台湾や中国の新興プレーヤーです。

アメリカのプレーヤーが付加価値化を担い、新興国プレーヤーが低コスト化を担うという典型的な水平分業の構図が、ここでも見て取れます。そして日本企業は、「あちら側」で世界を相手にする付加価値ゲームでは歯が立たず、さりとて「こちら側」のコモディティ・ゲームに参戦するにはあまりにも高コスト体質を引きずっています。このままいくと、「雲（クラウド）」が晴れ上がった頃には、日本企業はF社のトップが危惧していたように、「意味のない」存在になりかねません。

しかし、スマートとリーンが両立するモデルを持ち込むことで、ウェブの進化を加速できないでしょうか。

まず、「こちら側」がどんどんコモディティ化してしまっては、新しい情報も生成されなければ、新しい顧客体験も生み出せません。本書で論じたように、アップルはiPodとiTunesで、「こちら側」と「あちら側」をスマート・リーン化し、つないだことによって、新たな需要を創造することに成功しました。同様に任天堂も、DS・iやWiiで「こちら側」をスマート・リーン化するとともに、「あちら側」と連携することによって、新しい顧客価値を生み出そうとしています。

「こちら側」のスマート化は、多様な軸が考えられます。

まず一つ目として、「インターフェース」の使い勝手にこだわる。いくら「あちら側」のデータやソフトウェアが充実していても、端末の操作性が高まらないかぎり、顧客によっての体験価値は決して上がりません。逆にアップルがｉＰｏｄやｉＰｈｏｎｅで証明したように、「ユーザビリティ」を圧倒的に高めることによって、まったく新しい体験価値を創造することができるでしょう。

二つ目に、顧客の位置や動作をセンシングすることも「こちら側」の重要な付加価値となります。顧客が、いつ、どこで、どのような状態にいるのかがわかれば、「今だけ、ここだけ、あなただけ」の体験を提供することもできます。たとえば、任天堂のＷｉｉ Ｆｉｔは、ユーザー自身の体調・体質や行動をセンシングして、そのユーザーに最もフィットした体験価値を提供しています。

三つ目には、情報の入出力にとどまらず、動作装置（アクチュエーター）と連動させることによって、自動的にモードやスピードを切り替えたり、問題解決にまでつなげていくことができるようになります。ユーザーが席を立ったり、眠ったりすると、それを察知して自動的にテレビをスイッチ・オフするなどという初歩的なものから、前方の危険を察知して自動的にブレーキをかけるドライビング・ナビゲーターまで、多様なアプリケーションが考えられます。

オランダのフィリップスの「sense & simplicity」というコーポレート・ブランドは、二番目のセンシングと一番目の使いやすさを組み合わせたものといえるでしょう。また、前章でご紹介したD社の「センス&アクチュエート」は、二番目と三番目を組み合わせたものです。

一方、スマートな「こちら側」とつなぐことによって、「あちら側」のスマート化も加速するはずです。

B2Cの世界では、今のPOSデータによるマーチャンダイジングや、CRMによる販促は、過去の限られたデータに基づいて将来予測をしているにすぎません。顧客接点においてセンサーやカメラで顧客の動線を捉え、顧客は店内でどのような購買行動をとったか、顧客が何を買おうとして何を買わなかったか、というデータを取ることができれば、POSデータに基づくより飛躍的に効果の高いマーチャンダイジングができるはずです。最近NTTグループなどが模索しているように、出力装置としての電子看板（デジタル・サイネージ）を、携帯端末による個人の位置の特定、個人情報のプロファイリングなどと連動させれば、まさに「今だけ、ここだけ、あなただけ」の販促を行うことができるようになるでしょう。

B2Bの世界でも、センサーが集めた情報をアルゴリズム化することによって、より深い問題解決ができるようになります。シャープの社内では、「見る・観る・診る」という生産技術プロセスがあります。(1) 最初の「見る」は、高感度センサーを利用して、現場の多面的なデータを収集する段階。次の「観る」では、収集されたデータをパターン化し、異常・正常などを判断するアルゴリズムを生成します。そして三つ目の「診る」で、データのパターンから因果関係を抽出し、最適と判断される施策を実行して、その効果を検証します。まさに、「仮説・実践・検証」を回すプロセスそのものです。第6章でご紹介したA社は、この「見る・観る・診る」というプロセスを、自社の装置とデータセンターサービスに組み込むことで、「こちら側」と「あちら側」をつなぐ新たなソリューション事業を展開しています。

クラウド現象は、それこそまだ「雲」をつかむような話にすぎません。雲の「こちら側」を深め、「あちら側」とつなぐことによって、新しいスマート・リーンの世界を立体的につくり出せるはずです。もちろん、すぐにスマートなアルゴリズムが見つかるわけではないでしょう。しかし、メビウス運動を続けることによって、仮説・実践・検証の繰り返しの中から、アルゴリズムに磨きがかかってくるでしょう。

目指せ「融知経営」

日本からアジアに生態系が広がり、クラウドで今までの産業や社会の枠組みが崩れていくことは、既得権益を握りしめた既存プレーヤーにとって、大きな脅威に映ることでしょう。とはいえ、守りに回ったところで攻め込まれるだけなので、自分たちも攻めていくしかない、と腹が決まるのも、そう時間のかかることではありません。

しかし、そのような発想そのものが、ゼロ・サムかマイナス・サムを前提にしてしまっています。生態系が広がり、産業や社会が融合していく中で、単なる既存のパイの奪い合いではなく、新しい価値、新しい顧客、新しい市場の創造を目指すべきです。そのためには、異質なプレーヤー間で知恵を出し合って、協創を進めていく必要があります。

アジア生態系の中での協創は、次世代スマート・リーン型イノベーションの宝の山になるはずです。たとえばデンソーは、タタ自動車の世界最安値車「ナノ」のワイパーを納入しています。タタからの要求は、ワイパーは一本だけという「非常識」なものでした。次の新聞記事が、デンソーのとまどいを如実に描写しています。

「一本で窓全体をふき取るにはどんな構造が適しているか。強度を確保しながらどこまで材料

1　このシャープのケースに関しては、名和高司著「学習優位の戦略」（「ダイヤモンド・ハーバード・ビジネス・レビュー」二〇〇三年三月）を参照

費を落とせるか。世界の自動車大手を顧客に持つデンソーが、ワイパー一本に目の色を変えた。『新興国向け、低コスト品の開発は得意ではない』（加藤宣明社長）。ナノ向けワイパーの開発は、身に付いた贅肉をそぎ落とす作業だった」[2]

日米欧の大手自動車会社だけを顧客にしていれば、このような産みの苦しみに直面することはなかったでしょう。アジアの新興市場のボリューム・ゾーンにフォーカスしたパートナーとの協業を通して初めて、このスマート・リーン型イノベーションが生み出されたのです。

また、異業種間の協創も、新しい顧客や市場を創発するエンジンとして、今後ますます期待されます。B2Bの世界では、設備メーカーや保守サービス事業者と、リースや保険会社などの金融機関の知恵を融合させれば、顧客の特性に合った稼働率保証サービスや、事業機会逸失補填保険などを編み出すことができます。GEキャピタルをはじめとする欧米の金融機関が先行していましたが、最近ではオリックスなど日本の金融機関も、国内のメーカーや保守サービス事業者との協創を積極的に展開しています[3]。

一方、B2Cの世界では、リクルートやベネッセなど、特定の顧客セグメントを深くつかんでいるメディア事業者は、小売業、製造業などの物販事業に加え、医療、金融、教育、レジャーなどの異業種サービス事業者と、そのセグメントに特化した複合的な商品・サービスの提供が目指せるはずです[4]。実際に、イギリスでは「SAGAマガジン」という「元気なシニア」をターゲットに当てたメディアが、同様の複合的なサービスのポータルとして大成功しています。ここにくれば、長い老後の賢い年金の使い方を教えてくれたり、最後には葬式やお墓の手配までやってくれるという徹底ぶりです。

企業を超えた個人間のソーシャル・ネットワーキング、いわゆるP2P（Peer-to-Peer）[5]の世界でも、多様な知恵を集める動きが活発です。OSのリナックスなどの開発手法として知られるオープン・ソースや、ウェブ上の辞書ウィキペディアなどの成功は、少数の専門家集団より雑多なアマチュア集団のほうが、スマートでかつ効率的（リーン）に物事を進めることができる可能性を示唆しています。クラウドを通じて群集の知恵で物事を解決するこのような手法は、最近「クラウド・ソーシング[6]」と呼ばれています。

2　日本経済新聞（二〇〇九年七月一九日）
3　製造業と金融業の融合による新たなB2B型事業モデルを、筆者は「V-CRAFT」（Value Creation by Applying Financial Technology）と呼んでいる。詳細は、名和高司著「製造業の金融ビジネスモデル：顧客のリスクとリターンの最適化」（「ダイヤモンド・ハーバード・ビジネス・レビュー」一九九九年五月）などを参照
4　異業種連携による新しいB2C型事業モデルを、筆者は「5C」（Contents, Community, Commerce, Channel, Capital）と呼んでいる。詳細は、「5つのCが拓くB2C型事業の新モデル」（「ダイヤモンド・ハーバード・ビジネス・レビュー」二〇〇一年八月）などを参照
5　名和高司、森祐次著「P2Pエコノミーの到来」（「ダイヤモンド・ハーバード・ビジネス・レビュー」二〇〇一年一二月）参照
6　ジェフ・ハウ著、中島由華訳『クラウド・ソーシング』（早川書房、二〇〇九年）

日本でも、「その道のプロ」を自他ともに認める個人が、さまざまな生活上の問題へのアドバイスを提供するサービスが、生活総合情報サイトの「オールアバウト」やＮＴＴレゾナントの「教えて！ｇｏｏ」などで提供されています。また、よりビジネス寄りのところでは、リアルコム社などのナレッジ・ポータル・サービス上で、企業内のみならず、顧客、取引先、社外パートナーなどとナレッジ・コミュニティを組む動きが進んでいます。

前にも論じたとおり、本来日本企業は、取引先や同業他社、関連企業などとの協創は得意科目としてきました。クラウドによって、国境、業界、社会の壁が取り除かれつつある今、いかに異質な企業とのパートナリングや、異質なメンバーとのナレッジ・コミュニティへの参加を加速するかが問われています。

経済学者のジョセフ・シュムペーターが、イノベーションを創造的破壊と定義し、「異質な知の新結合」がその原動力となると論破したことは、よく知られています。本書の文脈で言い換えると、協創を通じて異質な知がつながり合うことによって脱学習が創発され、新しい学習プロセスが始まるのです。このようなクラウド時代の「融知経営」[7]も、メビウス運動の絶好のテーマとなるはずです。

以上、「アジア」「こちら側」「融知経営」の三つは、日本企業にとって、地の利のある領域です。一方、今後の重要な経営課題でありながら、日本企業が強く苦手意識を持つ領域も少なくありません。メビウス運動を通じたスマート・リーン経営を実現するうえで、特に重要なチャレンジを三つ挙げておきましょう。グローバル経営、非線形学習（脱学習）、経営力強化の三つです。

グローバル経営の三段階

一つ目は、空間軸上の課題です。クラウドによって国境の壁が取り除かれ、アジアを中心に新しい生態系をつくっていこうとすると、グローバルに通用する経営が求められます。しかし、日本企業で本当にグローバルな経営ができているところは、ほとんどないのが実態です。グローバル市場、なかでも成長が期待されるアジア市場への本格参入は、日本企業にとってのまたとない成長機会をもたらす可能性がありますが、経営をグローバル化できないことが最大の制約条件になっています。

メビウス運動という視点から捉えたとき、グローバル経営のチャレンジは大きく三段階に分けることができます。

7 名和高司著「融知経営」（『日本版マッキンゼー・クォータリー』二〇〇〇年一一月）参照

第一段階は、まず、各地域できちんとオペレーションが回せるようになること。メビウスの右側の回転がしっかりできるようになり、オペレーションの拡大再生産を続ける状態になることです。ボックスでいうと、右上の顧客接点と右下の事業現場が対象となります。

顧客接点は、当然それぞれの市場の特性ごとに、地域化（ローカライズ）が必要な領域です。しかし一方で、地域横断でルールを共通化して効率化（リーン化）を図り、学習の共有化を通じて全体の底上げをする（スマート化）などという「つなぎ」も必要となります。また事業現場は、一部ローカライズも要求されますが、基本的には、地域横断での共通化・共有化が極めて重要です。

グローバル事業に長年取り組んできた自動車業界や電機業界であっても、この段階での「つなぎ」が十分できていないケースが少なからずみられます。いずれにせよ、まずはこの右側のサイクルを現場できちんとつくり上げることが、グローバル化の第一歩です。

第一段階ではまだ、右側だけきちんとグローバル化できれば、左側は日本でつくり込んでいればよかった。日本で事業を開発し、それをグローバルに横展開するクライアント・サーバー型（＝ハブ＆スポーク型）モデルです。次の第二段階では、いよいよ左側のグローバル化を進めていく。ここが、グローバル化の最も難しい部分です。

メビウス運動の定石どおり、ここも三つのステップが必要です。この一〇年間で海外売上高比率を一五％から三八％へと倍増させた資生堂、なかでも日本に次ぐ売上げにまで急成長した中国での成功をケースに検証してみましょう。

第一ステップは、「DNAの読み解き」です。グローバル市場に出ていくことによって、逆に日本企業特有のアイデンティティが先鋭化されます。「フランスを起源とするロレアル、米国を起源とするP&G、そして日本を起源とする資生堂。その意気込みで世界ブランド『Shiseido』を確立する」と資生堂の前田新造社長は語ります(8)。

そして中国においても、資生堂らしい価値観とは、消費者の心を豊かにすることであり、顧客に対して「おもてなし」の心を伝えることだと再認識します。日本ならではの「美容部員」という仕組みを、「おもてなし」の精神の伝道者として中国にも広く展開することによって、資生堂独自の顧客接点力が生み出されています。

第二ステップは、「顧客洞察」です。それぞれの地域特有のニーズを踏まえながら、自社ならではの提供価値を見極める作業です。中国の消費者にとって、海外ブランドの化粧品は高く、国内ブランドは低価格だが品質がよいものとはいえません。資生堂は、その中間に大きな白地市場があると考えました。まさに「質の高いものを、安く」というスマート・リーン型の

8「日経ビジネス」(二〇〇九年八月二四日)

目の付けどころです。

とはいえ、中国と日本では気候も生活習慣も異なります。当然肌の悩みも嗜好性も変わってきます。資生堂は、「功老化」と「美白」に的を絞って、中国の消費者に何を提供できるかを徹底的に追求していきました。その拠点として、北京に研究開発センターを開設、中国人女性スタッフが顧客の意見を聞き、試作品をつくる体制を整えたのです。このような開発体制の中から、中国の消費者の心をとらえる現地仕様の商品が次々と生み出されていきました。

第三ステップは、「成長エンジン」のつくり込みです。それぞれの市場でスケールがとれる事業モデルを構築していかなければなりません。たとえば資生堂は、中国市場の特性に合ったマルチ・ブランド戦略を展開しています。都市部の百貨店向けの「オプレ」、地方の専門店向けの「ウララ」、農村向けの「ピュア&マイルド」、そして若者向けの「Ｚａ（ジーエー）」。いずれも中国だけのブランドです。

日本では高級化粧品から日用品まですべて資生堂ブランドで展開しているため、ブランド・イメージが拡散してしまいました。そこでの学習を踏まえた新しいブランディング手法によって、資生堂は中国の多様なセグメントを取り込むモデルを確立したのです。

このような三つのステップでメビウスの左側もそれぞれの市場でしっかり回せるようになると、より地域の市場に根をおろしたきめの細かい対応ができるようになります。日本セントリックなクライアント・サーバー型に対して、各地域が緩やかにつながり合う「グローバル・ウェブ」型のモデルといえましょう。

グローバル経営の第三段階では、こうしてローカライズできたうえで、そこでの学びを他の地域に広げるような仕組みを構築することです。脱学習の機会は「辺境」にあります。本社から離れた各地域のオペレーションこそ、辺境としての脱学習の場に最適ともいえましょう。

レクサスが、トヨタ・ブランドとは一線を画した手法によってアメリカで成功し、それを日本に逆輸入したことはよく知られています。また富士通は、イギリスで買収した会社（元のＩＣＬ、現在の富士通サービス（ＦＳ））が成功させたアウトソーシング事業モデルを、他の市場にも横展開しようとしています。

脱学習を単に辺境での出来事に終わらせず、そこからグローバルな学びに広げていくためには、それなりの学習プロセスが必要となります。その一つの方法論として、特定の事業や機能でベストプラクティスとなるような地域を「センター・オブ・エクセレンス」と位置づけ、そこをハブとしてグローバルに知恵を共有化する仕組みが有効です。先ほどの富士通の場合、イギリスのＦＳに加え、本場のシリコンバレーに拠点をおく「富士通アメリカ（ＦＡＩ）」をクラウド・コンピューティングのハブに、最近ＥＲＰ専門のシステムインテグレータを買収した「富士通オーストラリア（ＦＡＬ）」をＥＲＰのハブにするなど、「センター・オブ・エクセレンス」構想を広げていくことができるはずです。

この第三段階は、単に各地域が緩やかにつながっているだけではなく、拠点間で双方向の知恵の共有化が活発に行われている状態になります。「マルチ・ハブ」型モデルと言えましょう。この段階になってようやく、辺境における「ゆらぎ（＝ずらし）」を契機とした脱学習と新たな学習のプロセスが確立し、グローバルなメビウス運動が回り続けるようになります。

フラクタルな進化

日本企業にとっての本質的なチャレンジの二つ目は、時間軸上のものです。このチャレンジには二つの側面があります。いかに学習（深化）のスピードを上げるかと、いかに現在の延長線ではなく、未来を現在に引き寄せるような脱学習（新化と伸化）ができるか、の二つです。

学習優位の要諦は、仮説・実践・検証のサイクルを何回も回すことにより、失敗や成功から学習し、それが次の知恵を生み出していくことにあります。ユニクロの柳井ＣＥＯはかつて、自著でこう語っています。

「当社は数々の失敗を繰り返して、学習してきた会社だと思っている。繰り返し強調しておくが、**成功よりも失敗のほうが勉強になる。**一方、成功というのは、ここまで可能性があるとい

うことを知らせてくれる。元気の源のようなものだ」[9]（太字、筆者）

また、最近の自著でも、こう繰り返しています。

「我が社には、成功の方程式なるものはまったくないばかりか、現場主義を徹底的に磨きこむという地道な作業が尊ばれる。**社員ひとりひとりがもっとよく深く考えて、すぐに実行していくという経験値の積み重ねのようなものが、現状のブレークスルーにつながっていく**」[10]（太字、筆者）

本書では、四つの見えざる資産と成長エンジン、そして、それらを結ぶメビウス運動の必要性を論じました。しかし、それで本当に次世代成長が始動するのか、不安に感じておられる読者も少なくないはずです。大きな分かれ道は、そこでともかく「試行」錯誤を始めてみるか、ぐるぐると「思考」錯誤に陥ってしまうかです。トップが調整型で、ミドルがリスク回避型の大企業病に陥っている企業では、後者のような議論が延々と続いてしまうでしょう。

まずは、具体的に大きなステップを踏み出してみることです。柳井氏が力説するとおり、失敗こそがまたとない学習の機会となります。逆に失敗をしていないということは、自社のポテ

9　柳井正著『一勝九敗』（新潮社、二〇〇三年）
10　柳井正著『成功は一日で捨て去れ』（新潮社、二〇〇九年）

ンシャルを限界まで試せていない証拠です。「リスクをとらないことが最大のリスク」ということをあらためて肝に銘じて、まずは動いてみる。それが次世代成長に向けた企業再生の第一歩です。

ただし、その際に現在の延長線上で動いてしまっては、線形型の同質的な学習を繰り返すだけです。いかに非線形型の学習（＝脱学習）を仕掛けていくかがポイントになります。しかし、学習は得意でも脱学習はどうも苦手、という経営者は少なくないはずです。学習は目の前の目標に向かってひたすら努力をすれば報われますが、脱学習となるとどちらを向いて何をすればいいかがわからなくなってしまうからです。

実はそのように思い込んでしまうところに、落とし穴があります。そもそも自分の本業から大きく離れた「飛び地」には、解はありません。学習の本質が本業の「深化」であるのに対して、脱学習の本質は本業の「新化」と本業の周辺で拡業を目指す「伸化」の二つです。どちらも、本業周りということであれば、そもそも土地勘はあるはずです。

しかし、慣れ親しみすぎているために、ややもすると「視野狭さく」に陥ってしまいます。これまでの成功パターンにとらわれて、新しい可能性をゼロベースで探るという新鮮な視野がどうしても持てなくなってしまうのです。どの企業も本業の周りでは、この手の「イノベーションのジレンマ」、あるいは「成功の復讐」といった現象を抱え込んでしまっています。

本業周辺で次のブレークスルーを起こすためには、どうすればいいか。ここでもバタ臭い欧米の最新の経営論に振り回されるより、むしろ古来からアジアで培われた知恵に立ち戻ったほうがよさそうです。そう、温故知新です。ここでは二つの「教え」を取り上げてみたいと思います。

一つは、「**着眼大局、着手小局**」。未来に向けて大きな成長の可能性を見据えたうえで、そこから逆算して、今打つべき手を確実に打て、という教えです。着眼大局によって、現状の延長線に陥りがちな発想を振り切る。

「新しいことに挑戦する人や組織であるための条件が二つあります」とセブン&アイ・ホールディングスの鈴木敏文会長兼CEOは語ります。「過去の体験を捨てること。そして、視野を広げて物事を見ることです[11]」

まさに着眼大局です。しかしその一方で、着手小局によって、誇大妄想にとらわれることなく、着実に新しい学習を積み重ねていく。ここにも、欧米型のデジタルな発想を超えた「スマート・リーン」の教えが脈打っているのを感じます。

ホンダの本田宗一郎氏、最近ではユニクロの柳井正氏が、まさにこの教えの典型的な体現者

11「日経ビジネスマネジメント」（Summer　二〇〇九年）

でした。また、コンビニという業態をここまで進化させてきたセブン‐イレブン・ジャパンや、メディアにおける白地市場を地道に開拓し続けてきたリクルートも、この教えを忠実に実践しています。商品レベルでみても、トヨタのプリウスや任天堂のＷｉｉは、この教えの産物です。企業変革という切り口でみても、パナソニックの中村改革の成功の本質は、やはり「着眼大局、着手小局」にありました。

未来を現在に呼び込むことによって、大きな成長（スマート軸）のベクトルが生まれます。一方、そこに到達しようとしても現在の資産には制約があるので、なんとか資産を多重化しようという知恵（リーン軸）が生まれます。未来の力を借りて現在の限界を突破することによって、スマート・リーン型経営に向けた脱学習のメビウス運動が始動するのです。

もう一つは、「**三人寄れば、文殊の知恵**」。異質性を取り込む手段としてご紹介してきた「協創」と通じる教えです。特に二人ではなく、三人であることがポイントです。二人だと欧米的なディベートといった、対立構造を生みやすいのですが、三つ目の視点を入れることによって、それぞれが相対化され、かつ幅のあるものの見方ができるようになります。弁証法的にいえば、二項対立的な状態から、より高次元のバランスがとれた高みへと「アウフヘーベン（止揚）」していく視点が生まれやすくなります。

そのように考えれば、脱学習という不得意科目が、実は生態系の中での協創という得意科目に思えてくるのではないでしょうか。もちろん何度も論じているように、同質ではなく異質なパートナーとの協創がカギとなることを忘れてはなりません。異業種のプレーヤー、アジアの新興プレーヤー、アメリカの「あちら側」のプレーヤーなどと、生態系を多層に広げていくことで、脱学習が創発されやすくなるはずです。

「深化」と「新化」と「伸化」。この三つの位相を使い分けようとすると、ルービックキューブを解いているときのように、頭の中がこんがらがってくるはずです。初めから計画的に解けるわけではなく、どちらに回すかは、その場の位相を見ながら判断するしかありません。

あえて温故知新的にいうと、「**犬も歩けば棒に当たる**」とでもいうところでしょうか。ポイントはまず歩き出すこと。棒（壁）に当たったところで、次のアクションを考える。ここでも重要なのは、実践を通じた学びです。進化の三つの位相も、そのような実践の中から、フラクタルに展開していくはずです。

イノベーションの経営から経営のイノベーションへ

日本企業にとっての三つ目のチャレンジは、「経営力」をいかに強化するかです。日本企業の最大の弱点は、トップの経営力の欠如だといわれています。確かに大企業には調整型のトップが多く、安定指向に陥りやすい傾向があります。特に、今のように出口が見えない景気後退期には、非連続な成長を目指して大きなリスクをとるよりも、まずはコスト削減に専念し、次の成長の波がくるまで、なんとか乗り切ろうとしがちでしょう。

しかし、この「身の丈を縮める」経営は、本質的に限界があります。人件費などの固定費を大胆に切れないとすれば、売上げが改善しないかぎり、利益率は確実に落ち込んだままです。しかし売上げに着目しても、既存の商品やサービスの価格下落に歯止めがかかることは考えにくく、成長が期待できる新興市場のボリューム・ゾーンでは、これまでの常識では実現不可能な低価格が要求されます。コスト削減だけでも明日はなく、このまま手をこまねいて待っていても、次の成長の波に乗れる保証はまったくないのです。

さすがに、賢明な経営トップの多くは、現状の延長線上に解がないことに気づき始めています。そして、次の成長の金脈を掘り当てようと、新規事業開発になけなしのR&D予算をふりあてている企業も少なくありません。特に、環境・エネルギー、バイオ・ライフサイエンスなどといった分野では、その手の案件が目白押しです。また筆者自身のところにも、成長戦略の策定やイノベーションのマネジメントについての相談案件をいただく機会が、ますます増えています。

成長戦略の重要な切り口として「MOT（技術経営）」が脚光を浴びたことは、まだ記憶に新しいところです。しかし、MOTによって、技術を基軸とした成長事業が継続的に生まれ始めたという成功例は、寡聞にして耳にしません。また、最近の政府・財界・学界を挙げての「イノベーション」論議の熱狂ぶりは、「MOI（Management of Innovation）」とでも呼ぶべき新たな経営ブームを巻き起こしています。しかし、一皮剥くと、イノベーションを技術革新として狭義に捉えてしまい、相も変わらぬ「MOT」論に陥ってしまっているケースがほとんどです。[12]

最近、鳴り物入りで発足した「産業革新機構」は、オープン・イノベーションを標榜し、大企業と中小企業・ベンチャーをつなぐ新しい生態系づくりを支援するという点で、各企業に閉じたMOTの限界を超える試みといえるでしょう。しかし、企業の「見えざる資産」の一部にすぎない技術や知財にのみ焦点を当てて、そこにファンドやネットワークなど、資金的・人脈的な支援をするというだけでは、骨太の成長事業を組織的に育成することは困難です。成長エンジンを埋め込み、参加する企業の体質を革新するところまで踏み込んでいくような支援ができるかどうかが勝負どころでしょう。

12　ただし、最近、このような技術偏重のイノベーション論に警鐘を鳴らす主張もみられる。たとえば、妹尾堅一郎著『技術力で勝る日本が、なぜ事業で負けるのか』（ダイヤモンド社、二〇〇九年）

そもそもイノベーションをマネージしようという試みには、錬金術的な怪しさがあります。イノベーションがマネージできるような代物であれば、経営力のある先進企業がこぞってイノベーションを量産しているはずです。イノベーションを組織的に生み出すことに定評があった3Mや京セラですら、新しいイノベーション生成プロセスを手探りしている状況です。ましてや、イノベーションとは無縁だった普通の企業が、イノベーションのマネジメントを習得したという話はまず聞きません。

イノベーションを組織的に生み出すためには、マネジメントのやり方そのものをイノベート（革新）する必要があります。しかも、新規事業のような飛び地ではなく、本業とその周辺（拡業）にこそ勝機がある。だとすれば、本業の経営モデルそのものの革新が、本質的な課題となるはずです。

そのためには、本書で示したように、四つの見えざる資産と真ん中の成長エンジンの「つなぎ」と「ずらし」を連続的に仕掛けていくことにより、メビウス運動の回転率を高めていくことが求められます。そしてそのような運動が行動規範のレベルにまで組織内部に深く埋め込まれることによって初めて、イノベーションが体質化されます。小手先の「イノベーションのマネジメント」を模索するのではなく、「マネジメントのイノベーション」を骨太に仕掛けることによって、結果としてイノベーションが組織的に生み出されるようになるでしょう。

前章でご紹介したパナソニックをはじめ、伝統的な大企業も、この本質的な発想の転換によってイノベーティブな企業に変身すべく、まずは経営モデルそのものの「破壊」と「創造」に取り組んでいます。組織ＤＮＡを基軸とした「ずらし（＝ゆらぎ）」と「つなぎ（＝引き込み）」を、経営変革のリズムとして体得することができれば、いかなる企業も、イノベーションを継続的に生み出す生命論的なダイナミズムを手に入れることができるはずです。

明日から何をすべきか

最後に、明日からトップがとるべきアクションを簡単にリストアップしてみます。ここでは、経営コンサルタントらしく（?）、三つに絞ることにします。

まず「すべきでないこと（Don'ts）」としては、以下の三つ。

● 本業から切り離して、クロス・ファンクショナルな次世代成長プロジェクトを、とりあえず立ち上げること
● 市場調査、またはパイロット事業のようなものを、とりあえず始めてみること
● 経営コンサルタントを呼んで、とりあえず彼らが出しうる最善の解を求めること

経営の現場では、この三つの「とりあえず」のどれか（または、すべて！）から始めてみるというケースに頻繁に遭遇します。正直申し上げて、このようなご依頼を受けてしまうと、コンサルタントとしてはお手上げです。

本書にここまでお付き合いいただいた読者は、前記の「とりあえず」ではまったく何もやったことにはならないことを、よくおわかりいただけると思います。「本業」「自社の本質的な強み（DNA）」「スケール（規模）」などという次世代成長のキーワードを、ことごとくはずしているからです。

逆に「やるべきこと（Do's）」は、以下の三つです。

●本業の中から次世代リーダー人材を厳選して、トップ直結の本業革新チームを組成すること
●自社の本質的な強み（DNA）を再定義し、本業およびその周辺にある非連続な成長の可能性を見極めること
●内外のベストのリソースを投入して、大きな第一ステップを実践し、その成果を検証して次のステップに確実につなげること

さほど、難しい話ではないかもしれません。しかし、ここで問われているのは、本業そのものを変革する不退転のコミットメントです。パナソニックの中村改革でいうところの「破壊と創造」であり、ユニクロの柳井ＣＥＯのいうところの「革新と挑戦」です。

そこがクリアされれば、あとは、自社ならではの強みに基づく、仮説・実践・検証を着実に繰り返す、という本来日本企業が身につけていた経営のリズムを取り戻せばいいのです。こうなると、経営コンサルタントとしても、とても楽になります。もっとも、そこまで自ら踏み込むことができた企業にとっては、経営コンサルタントより、成長の触媒剤（ファシリテーター）や増殖器（アクセラレーター）の役割を担う実践上のパートナーのほうが、ずっと役に立つ外部リソースとなるに違いありません。

経営の本質は、自社の強みに深く根をおろし、弱みをも強みにすり替えてしまうことです。「日本の弱みと言われているものは、反対から見ると強みです」とユニクロの柳井ＣＥＯは語っています。「例えば、終身雇用はロイヤルティ（忠誠度）の高さと一体ですね。弱みと裏腹の強みをどうグローバルに通用させるか考えなくてはいけない[13]」

「アジア」「こちら側」「融知経営」という次世代の成長機会は、多くの日本企業が強みを発揮

13「日経ビジネス」（二〇一〇年一月四日）

できる領域です。一方、「グローバル」「破壊的イノベーション」「経営力」という苦手科目も、「ずらし（脱学習）」と「つなぎ（学習）」というメビウス運動を繰り返すことで、必ず日本企業ならではの強みを生み出すことができるはずです。

次世代の成長の可能性は、それぞれの企業の内側に眠っています。それを単なる可能性から現実に変えるのは、皆さん一人ひとりの変革に向けた強いコミットメントと、勇気ある第一歩です。

おわりに

前職の三菱商事にいた一九八〇年代は、あっという間に過ぎました。東京に四年、ニューヨークに四年、ボストンに二年と、環境が目まぐるしく変わったせいもあったのかもしれません。

二〇年前、商社マンから経営コンサルタントに転進するにあたって、一冊の本を上梓しました。『ハーバードの挑戦』（プレジデント社）という書名でした。もう絶版になってしまっていますが、今読み返すと、我ながら経営論に対する熱い情熱が漲《みなぎ》っています。

マッキンゼーに入社して、いつのまにか二〇年近くたってしまいました。最初の二年間こそソウル駐在でしたが、あとはずっと東京。ノマド（遊牧民）のつもりでいた筆者にとっては、想定外の長居です。しかもこの間、コンサルタントが天職だと思ったことは一度もないのだから、奇妙な話です。

しかし、よく考えてみると、この二〇年間は知的な冒険の連続でした。マッキンゼーの経営手法を貪欲に吸収していった最初の六年間。世界中のマッキンゼーの同僚と最先端の経営モデルをつくり、それをクライアント企業と実際に試していった次の六年間。グローバルな経営モデルより、日本企業に合ったより本質的な経営のあり方を模索していった直近の六年間。このように、三つの大きな知的な波乗りを、六年周期で楽しんできました（もっとも、実際には、波に飲まれて必死で泳いでいたというほうが正しいのですが）。ちょっと気取って言うと、「知のノマド」気分を満喫していたわけです。

その時々の問題意識を、筆者なりに世に問うてきました。プリンシパル（ジュニア・パートナー）時代の六年間だけでも、「マッキンゼー・クォータリー」へは一五論文、「ハーバード・ビジネス・レビュー」へは五論文、「日経ビジネス」には三論文寄稿しました。またこの間『高業績メーカーは「サービス」を売る』（小森哲夫氏と共著）と『戦略の進化』（近藤正晃ジェームズ氏と共著）（ともにダイヤモンド社）の二冊を出版しました。心から尊敬する大先輩の大前研一さんの足元にも及ばないものの、本来「余技」であるはずの執筆活動にこれだけ勤《いそ》しめたのも、知的冒険の旅が楽しかったからに違いありません。

筆者自身、経営コンサルタントとしての出発点は韓国でした。そこで二年間、大手財閥のグローバル成長戦略の構築から実践までをお手伝いし、強いトップがコンサルティング会社をうまく活用しながら、大変革を遂げる姿をまざまざと見てきました。その後も、急成長していったシリコンバレーの企業や、Shrink-to-Growで不死鳥のように蘇る大企業を何度も目の当たりにし、欧米型経営モデルの強靭さに舌を巻いたものです。

しかし、この手の欧米型の成長モデルを、日本企業にあてはめようとしても、どうしてもうまくいきません。トップの気持ちは高揚しても、現場がついてこない。たとえ最初はベストチームを組んでやり遂げたとしても、組織全体に広がっていかないのです。欧米流の仕組みやベストプラクティスを導入しても、なかなか定着しません。一方で、欧米流の手法を持ち込みすぎて、むしろ自社の本質的な強みを見失ってしまうという、本末転倒のケースまで出てきてしまいました。これでは経営コンサルタントとしては失格です。

もちろん、成功の確率が低いGrow側ではなく、Shrink側のお手伝いをしている限り、それなりにインパクトに結びつきやすい。だが、本書でも繰り返し述べたとおり、固定費構造に本格的にメスを入れにくい日本企業にとって、成長の道筋が描けないかぎり、生き残りすらおぼつかない。ましてや、フロントランナーに返り咲くことは、永遠にありえないのです。

試行錯誤の中で、本書で論じたような日本企業のＤＮＡに合った成長パスを提案し、クライアント企業の実践のお手伝いをしてきました。既存の事業を売却したキャッシュで成長事業を買収するなどといった欧米流の無機的な手法に比べて、時間はかかるものの、確実な手ごたえを感じるようになりました。

こうしてようやく、欧米モデルの呪縛を超えることに確信が持てるようになってきたのです。一方で、このような新・日本流とでも呼べる有機的な成長パスを、つかず離れず長いスパンでご支援すること自体、マッキンゼーとしての「グローバル・ベストプラクティス」の枠組みからは、大きく逸脱することになることも自覚しつつ……。

ちょっと大げさに言えば、筆者にとってマッキンゼーでの二〇年の歳月は、「**習・破・離**」という知的求道のプロセスだったのかもしれません。そして本書は、このような経営コンサルティングの経験と葛藤の中から生まれたものです。

＊＊＊

本書は、五年ほど前に筆者が着想した日本型の成長モデルが原型となっています。その後、二〇〇五年にマッキンゼー東京オフィスの中に小さなナレッジ・イニシアティブを立ち上げました。当初のメンバーは、田中崇仁さん、青柳政孝さん、竹田珠恵さんです。

翌年にはこのイニシアティブは、東京オフィス全体の活動に格上げされ、当時東京支社長だった平野正雄さん（現在、カーライル・グループ日本共同代表）や、本活動の推進役となる町田裕治さんが参画。さらに、マネージャー（当時）の泉屋一行さんに加え、若手の山田淳さん、竹井豪さん、奥見昌彦さん、古田哲晴さんらが参画しました。このうち半数以上のメンバーは、すでにマッキンゼーを卒業しています。

これに並行して、筆者はもう一つのグローバル・イニシアティブをハイテクプラクティスと自動車プラクティス合同で立ち上げました。自動車エレクトロニクス分野における「アジア版スマート・リーン」モデルの研究です。インド、中国、ドイツ、日本の四つのオフィスが中心となり、日本からは、早川裕さん（現在、アドバンテージ・パートナーズ）、山本一路さん（同）、森元雄一郎さんらが参画。この研究で予言したとおり、インドのタタ自動車が二〇万円台の「ナノ」を発売し、中国のベンチャーBYDが電気自動車分野で大躍進を遂げています。

これらの活動を通じて、「スマート・リーン」と「メビウス運動」のコンセプトを精緻化していきました。マッキンゼー全社の「イノベーション特別イニシアティブ」のリーダー会議が二〇〇六年末と二〇〇七年春にミュンヘンとニューヨークで開かれ、我々の研究成果を発表する機会がありました。その後も、中国、インド、韓国のメンバーが中心となって、ハイテク業界全般を対象に「アジア版スマート・リーン」モデルの研究を続け、最近その成果を発表しています。また、平野正雄さんはその後、「スマート・リーン」モデルを精緻化して論文にされ、東京大学工学部で博士号を取得されています。

このような成果を踏まえ、三年前にダイヤモンド社の岩佐文夫さんから出版のお誘いがありました。平野さん、町田さんらといっしょに、半年間かけて準備を重ねましたが、出版がのびのびとなってしまいました。岩佐さんには大変ご迷惑をおかけしてしまったが、三年越しに本書がようやく日の目を見ることができたのは、ひとえに岩佐さんの忍耐と、力強いご支援のお陰です。心からお礼を申し上げます。

また、この二〇年間の活動を通じて、筆者にお付き合いいただいたクライアント企業の方々に、この場を借りて、お礼を申し上げます。守秘義務上、お名前をお出しできずに申し訳ございませんが、皆さんとご一緒に「メビウス運動」を体験できたことが、本書の、そして筆者自身の精神的なバックボーンとなっています。

そして、知的刺激を浴びせてくれ、筆者の「知の冒険」にお付き合いいただいたマッキンゼーの先輩や同僚の諸兄にも、心から感謝しています。大半のメンバーはすでに卒業されていますが、今お会いしても、本質に肉薄しようとするDNAが、一人ひとりの中で、マッキンゼーを離れてますます強く息づいていることに、驚かされます。もっとも、初めからそのようなDNAを持ったメンバーが、たまたま同じ時期にマッキンゼーに席をおいていたということなのかもしれません。

最後になってしまいましたが、この「知のノマド」の偏執狂（パラノイア）ぶりを、献身的に支えてくださったリサーチやサポート部門の皆さんにも、この場を借りてお礼を申し上げます。なかでも、ここ十数年にわたって筆者のアシスタントをしていただいた上谷知子さんには、いくら感謝しても足りないくらいです。本書も、上谷知子さんの長年のサポートの賜物です。

＊＊＊

自分なりに「習・破・離」を達成した今、筆者もマッキンゼーから旅立とうと思います。二〇一〇年の春から一橋大学国際企業戦略研究科（ＩＣＳ）の教授職に着く予定です。また、私自身の会社を立ち上げて、日本企業が世界のフロントランナーに返り咲くお手伝いを、微力ながら続けていきたいと思っています。ただしその会社は、欧米流の経営コンサルティング会社とはまったく異なる性格のプロフェッショナル・ファームになるでしょう。本書で述べた次世代成長の「ファシリテーター（触媒剤）」もしくは「アクセラレーター（増殖器）」に近い存在を目指しています。

三菱商事からマッキンゼーに転職する際、筆者が最も尊敬していた桜井健司米国三菱商事副社長（当時。その後、本社副社長を経て引退）から、「三菱商事が虚業から実業に変身しようとしているのに、君は虚業中の虚業に転身するのか！」と、あきれられました。今度は、アカデミアという「知業」という名の虚業に身をゆだねることになるのですから、我ながら懲りない性格です。

ただ、ＩＣＳは実業と密着したかなり「生臭い」虚業のようにも思います。ここでまた知の最先端に参加しつつ、自身の会社で知の実証実験（?）を進めていくことが、筆者の当面のアジェンダです。

「知のノマド」の旅はまだまだ続きそうです。この続編を、またどこかで皆さんにご披露させていただければ幸いです。See you soon!

［著者］
名和高司（なわ・たかし）
マッキンゼー・アンド・カンパニーのディレクター。東京大学法学部卒業、ハーバード経営大学院修了。三菱商事を経て、マッキンゼー入社。日本、アジア、アメリカなどを舞台に、情報・通信、自動車・家電、エネルギー・インフラなど、幅広いハイテク・サービス分野で、成長戦略や異業種アライアンス、経営変革に取り組んでいる。2010年春、一橋大学国際企業戦略研究科教授に就任予定。著書に『戦略の進化』（ダイヤモンド社、共著）、『高業績メーカーは「サービス」を売る』（ダイヤモンド社、共著）、『ハーバードの挑戦』（プレジデント社）など。

学習優位の経営
——日本企業はなぜ内部から変われるのか

2010年2月18日　第1刷発行
2019年11月20日　第5刷発行

著　者——名和高司
発行所——ダイヤモンド社
〒150-8409　東京都渋谷区神宮前6-12-17
http://www.diamond.co.jp/
電話／03·5778·7234（編集）　03·5778·7240（販売）
装丁————竹内雄二
製作進行——ダイヤモンド・グラフィック社
印刷————八光印刷（本文）加藤文明社（カバー）
製本————ブックアート
編集担当——岩佐文夫

ISBN 978-4-478-00224-7